Philippe Frémondeau

Église Finitive

Philippe Frémondeau

Église Finitive

Prépare toi à la rencontre de ton Dieu

Éditions Croix du Salut

Mentions légales / Imprint (applicable pour l'Allemagne seulement / only for Germany)
Information bibliographique publiée par la Deutsche Nationalbibliothek: La Deutsche Nationalbibliothek inscrit cette publication à la Deutsche Nationalbibliografie; des données bibliographiques détaillées sont disponibles sur internet à l'adresse http://dnb.d-nb.de.

Toutes marques et noms de produits mentionnés dans ce livre demeurent sous la protection des marques, des marques déposées et des brevets, et sont des marques ou des marques déposées de leurs détenteurs respectifs. L'utilisation des marques, noms de produits, noms communs, noms commerciaux, descriptions de produits, etc, même sans qu'ils soient mentionnés de façon particulière dans ce livre ne signifie en aucune façon que ces noms peuvent être utilisés sans restriction à l'égard de la législation pour la protection des marques et des marques déposées et pourraient donc être utilisés par quiconque.

Photo de la couverture: www.ingimage.com

Editeur: Éditions Croix du Salut est une marque déposée de
Südwestdeutscher Verlag für Hochschulschriften GmbH & Co. KG
Heinrich-Böcking-Str. 6-8, 66121 Sarrebruck, Allemagne
Téléphone +49 681 37 20 271-1, Fax +49 681 37 20 271-0
Email: info@editions-croix.com

Produit en Allemagne:
Schaltungsdienst Lange o.H.G., Berlin
Books on Demand GmbH, Norderstedt
Reha GmbH, Saarbrücken
Amazon Distribution GmbH, Leipzig
ISBN: 978-3-8416-9811-7

Imprint (only for USA, GB)
Bibliographic information published by the Deutsche Nationalbibliothek: The Deutsche Nationalbibliothek lists this publication in the Deutsche Nationalbibliografie; detailed bibliographic data are available in the Internet at http://dnb.d-nb.de.

Any brand names and product names mentioned in this book are subject to trademark, brand or patent protection and are trademarks or registered trademarks of their respective holders. The use of brand names, product names, common names, trade names, product descriptions etc. even without a particular marking in this works is in no way to be construed to mean that such names may be regarded as unrestricted in respect of trademark and brand protection legislation and could thus be used by anyone.

Cover image: www.ingimage.com

Publisher: Éditions Croix du Salut is an imprint of the publishing house
Südwestdeutscher Verlag für Hochschulschriften GmbH & Co. KG
Heinrich-Böcking-Str. 6-8, 66121 Saarbrücken, Germany
Phone +49 681 37 20 271-1, Fax +49 681 37 20 271-0
Email: info@editions-croix.com

Printed in the U.S.A.
Printed in the U.K. by (see last page)
ISBN: 978-3-8416-9811-7

Copyright © 2012 by the author and Südwestdeutscher Verlag für Hochschulschriften GmbH & Co. KG and licensors
All rights reserved. Saarbrücken 2012

EGLISE FINITIVE

PREPARE TOI A LA RENCONTRE DE TON DIEU,

<u>et prends courage, car son pardon et sa guérison sont infiniment plus grand que tout ce que tu as pu imaginer...</u>

Philippe Frémondeau

Préface

Chers lecteurs,

c'est sans aucune prétention que j'ai écrit cet ouvrage, n'ayant songé qu'il paraîsse. S'il est vrai que le Seigneur nous donne des visions qu'Il veut accomplir nous concernant, il est vrai aussi qu'en la circonstance présente, je n'avais jamais imaginer devenir l'auteur d'un écrit qui de surcroît soit un commentaire biblique et prophétique.

C'est au moyen d'une invitation externe que la chose s'est faite, presque sans moi... mais non sans le Seigneur Lui même,

Car en effet, au fil du temps, des pensées me venaient, qui m'obligeaient à les consigner par écrit. Peu à peu, elles se sont construites en moi, avec je pense une certaine cohérence ; il m'a été donné en outre de les appliquer sur le terrain du monde et de l'Eglise, avec de plus en plus de bonheur et de volume.

Non, je n'avais pas rêvé d'écrire un livre (considérant volontiers qu'il y en avait déjà assez à disposition du peuple chrétien) ; mais j'ai bel et bien rêvé de cette église philadelphique qui se construit de toute évidence, autour de moi, dans ce quart nord ouest de la France, où Dieu m'a donné d'agir en son Nom.

C'est ainsi que par la Grâce de Dieu, j'ai cette jouissance d'être entouré de gens de très grande qualité ; certains, croyants de longue date ; d'autres beaucoup plus récemment ; certains de mon sérail d'origine, et d'autres non.

Mais quel bonheur, tous ensembles ! Et quelle Onction qui ne se dément jamais, mais progresse sans cesse.

J'avais fini par croire que cela n'était qu'un rêve impossible pour la terre ; mais le Seigneur l'a fait.

Que dire ?

Je tombe à genoux, confondu, vaincu et j'adore Dieu, au milieu des larmes et des rires de joie.
J'avais entendu dire qu'Il était grand ; maintenant je le découvre sans cesse plus.

Aussi, chers lecteurs, sachez que derrière ces écrits, il y a une réalité pratique, dans le cadre de groupes de maison composés de différents courants confessionnels, comme c'était le cas dans l'Eglise Primitive de Jérusalem.

J'avais en premier lieu rédigé ces écrits sur le support d'un blog internet ; les dates de rédaction s'échelonnent de 2008 à 2012.

Il m'a été suggéré de les rassembler pour les éditer sur papier. J'ai accepté avec empressement, percevant bien que cette intiative venait de Dieu.

Pardon si je vous choque à un moment ou à un autre ; ce n'est pas mon intention. Moi petit homme, j'ai écrit ce que je crois en toute simplicité, pour l'honneur d'un Dieu immense.

Que ces lignes vous bénissent au delà de toute imagination, et vous aident pour le sprint final, car désormais la ligne d'arrivée est vraiment en vue.

Amen.

Table des Matières

Préface..2
Amen..3
L'Eglise finitive, quel sera son visage ?..5
Une petite promenade à la plage...9
Communiquer la Grâce, un défi permanent..11
Les conclusions hâtives et l'expérience minimaliste, vous connaissez ?........16
Dieu ne se comprend que par La Croix..20
Le pardon, et le pardon..24
Un homme et ses deux femmes..27
Voudrais tu retrouver tes rêves ?...31
Car ils attendent leur accomplissement..31
L'adversité, sachons la gérer…avec équilibre...34
Je connais un homme en Christ, qui, il y a 14 ans...39
MUTATION POUR LE CIEL..41
LES 7 ALLIANCES Et LE 8ème JOUR..46
Les propriétaires du Royaume et les fous...49
Etre en bonne santé, cela vous intéresse t-il ?...53
Ah, les sous, c'est un sujet sérieux !!..57
Pour une juste saisie de la Parole de Dieu...63
Nous n'avons pas à lutter contre la chair et le sang..66
Quand vous verrez ces choses arriver...71
sachez que le royaume de Dieu est proche !...71
De l'Eglise contrôlable au Peuple de Dieu insaisissable................................75
Le Saint-Esprit, Celui de la Bible...79
La dimension de l'Absolu maintenant, la préparation pour le Ciel................82
SENTINELLE, QU'EN EST-IL DE LA NUIT ?..86
Pour une hygiène de la bouche...90
et une juste conception de la vie avec Dieu..90
Evangile de Marc ch.16, v.15 à 18..94
Il a fait descendre les puissants de leurs trônes, et élève les humbles..........101
Le Message et les Cantiques du ciel...104

L'Eglise finitive, quel sera son visage ?

22 avril 2008

Si l'Eglise primitive, toute fraîchement "descendue" du ciel, à l'époque de la Pentecôte (Actes 2), semblait être non installée sur la terre ; il pourrait bien en être de même pour l'Eglise finitive.

Celle ci devra impérativement évoquer ces vierges sages aux lampes pleines d'huile (Matt. 25), qui ne ce sont donc pas laissées détourner par aucune autre attache que la venue de cet Epoux qu'elles attendaient.

"Aucune autre attache", qu'est ce que cela peut donc signifier ?

La réponse est : aucune installation sur la terre qui viendrait attiédir le coeur de l'Eglise qui attend l'Epoux, Jésus Le Messie.

"Aucune installation sur la terre", cela veut-il dire ne pas se marier, ni avoir d'enfant, ni de vie professionnelle, ni construire une maison, ou encore un lieu de culte ? Non, bien sûr, il ne s'agit pas de cela ; mais néanmoins ces choses peuvent tout de même constituer autant de ces attaches concurrantes dont je veux parler.

Car il n'est pas faux de dire que les enfants de Dieu sont souvent dans le piège de ces attaches, qui viennent combattre celle qui doit les retenir si fermement et salutairement liés à ce Dieu, qui est leur Père.

Ainsi, l'Epouse de chair passe avant ce Père ; les enfants aussi ; sans oublier la maison, le travail, les amis, et même l'église. Par église, il faut entendre, les activités, les bâtiments, les soucis de sa présence dans le milieu environnant, de son organisation et de son contingentement, etc…

L'Eglise primitive avait les pieds suspendus dans le vide, et ainsi se cramponnait au seul filin nommé Jésus-Christ ; elle le faisait avec la force du Saint-Esprit ; et Celui qui tenait ce filin dans le ciel, se nommant Dieu le Père.

Les croyants actuels, et l'Eglise d'aujourd'hui, ont multiplié les filins. Il y a celui de l'argent ; car plus on en a plus les choses "peuvent s'arranger". Il y a la course aux bâtiments de culte les plus beaux, car ainsi on existe, on est visible et c'est la preuve que "Dieu a béni"… qu'Il approuve, qu'Il est présent. Il y a celui des activités, et c'est ainsi qu'on se persuade d'être réveillé pour Dieu et son Royaume. Il y a celui de la famille dénominationnelle, qui donne le sentiment du nombre qui fait la force ; et tant pis pour Celle de Dieu, qui normalement, faut-il le rappeler, s'appelle la Foi en Lui. Il y a même celui de la Doctrine, "la Saine Doctrine" bien sûr ! Elle est si importante qu'elle l'est devenue plus que les Ecritures Elles mêmes… dans la poursuite de leur révélation, sous la conduite du Saint-Esprit. La preuve en est que quand on lit dans la Bible quelque chose qui ne colle pas avec notre doctrine, on passe dessus au plus vite, surtout sans creuser, au cas où se serait trop déstabilisant... pour notre si belle maison doctrinale.

Il y a aussi bien sûr celui du nombre ; la course à la croissance, qui ressemble à la vie économique, avec sa culture du résultat, où la recherche de l'avantageuse comparaison, guère éloignée d'un orgueil bien latent. A ce propos, que faut-il penser de Jonas, qui a amené 120000 âmes à se repentir, le roi de Ninive en tête, et qui l'a fait avec un état de coeur plus que douteux ? Et que faut-il penser de Jérémie, prophète comme le précédent, qui lui n'a été écouté de personne, mais dont le coeur fût d'une intégrité irréprochable ? La question est ouverte : lequel des deux avait le plus d'onction ? Et encore : lequel des deux aura été le mieux accueilli dans le ciel ? David tomba dans ce piège du nombre (1 Chron. 21) et c'est satan qui l'y poussa (verset 1)... Il y a aussi Staline qui rétorqua : le Pape !?... Combien de divisions ? L'esprit de Staline prévaut souvent dans les églises et chez leurs leaders. Cela relève d'un besoin de délivrance.

Et à propos d'onction, pourquoi les serviteurs de Dieu la recherchent t-ils quelquefois ? Toujours pour le plaisir de Dieu, ou de temps en temps aussi (et d'abord) pour la petite (et la grande) réussite de ce ministère ; "de Mon Ministère" ainsi que j'ai bien eu l'occasion de l'entendre trop souvent, comme un aveu de ce qu'il y a réellement dans les coeurs...?

Tous ces filins (et il y en a d'autres), qui sont des amarres, retenant les chrétiens à la terre, étouffant leur vision de départ prochain pour le ciel, et la préparation qui en est inérante...!!

Il ne semblait pas que toutes ces contingences humaines et terrestres, troublaient beaucoup l'Eglise de Philadelphie (Apocalypse 3), dont il est dit qu'elle était faible et méprisée. Cette église était-elle ailleurs, dans une autre dimension ? Il faut penser que oui. En effet, ses filins qu'elle a farouchement veillé à garder sont mentionnés dans le verset 8 : la Parole et le Nom du Seigneur. Les deux ne faisant en vérité qu'un seul. Cette Eglise de Philadelphie est bien celle de la fin : celle qui est ATTACHEE AU CIEL comme la première, à Jérusalem.

Il s'agit d'une église attachée à la Vérité biblique, en opposition à "une doctrine maison", construite à coup de ponctions sélectives du message biblique, et non intégral ; conduisant ses adhérents à massérer dedans sans "se laisser distraire" hors de son cadre.

A ce propos, et au moment de la naissance de Jésus, ne s'est-on jamais demandé ce que des mages faisaient là, devant son berceau à l'adorer ? Comment ces païens repoussants pouvaient-ils être "du décor" ? Le fait que 600 ans auparavant, Daniel avait été nommé chef de tous les sages et astrologues de Babylone (Daniel 2,48), pouvait-il doctrinalement parlant, sérieusement légitimer leur présence ? Ces gens baignaient dans la culture de leurs divinités perses ; ils en étaient des prêtres ; ils sacrifiaient à des démons ; ils étaient des astrologues, c'est à dire qu'ils observaient les astres pour y trouver des signes et messages spirituels ; des choses occultes détestées de l'Eternel (Deut. 18); ils avaient probablement une certaine culture messianique, alimentée par les déportations des Hébreux, les ayant influencés. Mais surtout, malgré leurs ténèbres, ils CHERCHAIENT DIEU, qui s'est mis à leur niveau en leur donnant l'Etoile du Roi des Juifs dans ce ciel, qu'ils affectionnaient de scruter ; et plus qu'un signe spirituel, ils y ont trouvé un signe messianique. En outre, leur culture de l'enseignement de Moïse et des Prophètes étaient peut-être bien insuffisante pour parvenir au Messie ; et ils l'ont trouvé quand même, malgré tout ! Malgré tout, c'est à dire au milieu de leur confusion doctrinale et spirituelle majeures. Compte tenu du fait qu'il ne nous est pas dit qu'après avoir VU le Seigneur, ils auraient renoncé à leur paganisme (contrairement aux gens d'Ephèse-Actes 19,19), je me demande si le parcours de ces mages, est évangéliquement très présentable ? Comment les accueillerions nous aujourd'hui, s'ils se présentaient avec un tel "pédigré" ? Avec l'oeil pointu du fameux discernement évangélique, que personnellement je ne connais que trop bien…? Cet oeil doctrinal qui sait si bien et avec de si brillants exposés théologiques, couper à la tronçonneuse tout ce qui ne cadre pas ; au risque de briser nombre de coeurs sincères, qui pourtant ne sont pas loin du Royaume… comme Jésus l'a dit de certains.

J'ai la tentation de penser que les évangéliques que nous sommes, calfeutrés derrière nos épais remparts doctrinaux, "notre patrimoine", feraient bien de remettre notre tablier d'écolier, pour reprendre le chemin de la découverte du Dieu de la Bible, et de Son Esprit. Son Esprit, et non "Notre Saint-Esprit". Vous comprenez ?… Dieu nous parle tellement, et confirme tellement ce que nous pensons, que nous avons forcément raison et l'autre tort…!

Mais l'Eglise de Philadelphie a dépassé ce genre de peaux de banane ; elle les connaît et sait les contourner. Pas les autres églises.

De fait, la communion fraternelle est un art cultivé chez Philadelphie. Le climat y est détendu, et son ambiance n'est pas celui d'une caserne, avec contrôle d'identité aux portes et sécurité intérieure active… Ces portes sont ouvertes (Apoc. 3,8), et personne ne semble en abuser, d'autant que chacun est animé de passion pour Dieu avec un coeur qui recherche la pureté.

Toutefois, ces gens étaient-ils sans défaut ? Non, puisqu'ils furent avertis de rester fermes (verset 11); c'était que le risque de ne pas l'être pouvait constituer parmi eux une faiblesse potentielle. Mais comme les mages, dans leur quête de Dieu, là où ils en étaient, ils continuaient d'avoir faim et soif de lui en toute sincérité.

L'Eglise finitive sera une troupe hétéroclite, impossible à cerner, composée de bergers venant des champs, sans avoir eu le temps de se changer... Composée aussi de mages, théologiquement imprésentables, mais trouvant Dieu quand même. Son organisation ne sera pas exemplaire. Son fonctionnement échappera à tout observateur/contrôleur, mais pas au Saint-Esprit.

L'Eglise finitive va vivre dans la paille comme Marie et Joseph se sont trouvés, au moment où Jésus est né. La paille n'est pas attachante, contrairement aux palais en tout genre. Il sera donc facile de quitter la paille, quand le Seigneur reviendra, bien plus que les palais de l'évangile existentiel et de celui de la prospérité.

Aucune hôtellerie ne voudra guère l'accueillir, bien que le parc hôtelier des églises convenues soit grand. Jésus désirera demeurer à l'intérieur de ce parc, mais ce sont les hôtels qui le composent qui n'en voudront plus.

L'Eglise finitive sera composée de gens chétifs, qui "accoucheront" néanmoins et sans prévenir, d'une Onction audacieuse, mue par l'Esprit qui n'a de cesse d'opposer ses lois à celles de la chair.

Courage, faible peuple de Dieu ! Recherche l'Onction Philadelphique de l'Esprit, qui te montrera le Chemin du Ciel, par lequel Ton Frère Ainé est venu, pour annoncer à la terre le Salut de Dieu.

Lève les yeux, Il revient bientôt !

Une petite promenade à la plage

3 mai 2008

En ce début de mois de mai, presque sur le week-end, ma femme et moi avions quelques heures à disposition, et nous en avons profité pour faire une petite ballade sur notre bord de mer, si sympathique d'ailleurs !

Arrivés près de la plage, nous avons trouvé un banc qui semblait nous attendre, et que nous n'avons pas fait attendre plus longtemps… C'était magnifique, avec en plus le soleil que nous avions !

Nous surplombions la plage de quelques mètres, et plus bas, devant nous sur le sable, se trouvait une huitaine de jeunes que nous avons tout de suite remarquée. Ils semblaient paisibles, assis en rond comme ils l'étaient. Une jeune fille parmi eux avait une guitare, et un cahier de chant. Les autres l'entouraient. En les regardant, et voyant que la fille allait "gratter" un air, je glissais une boutade à ma femme : "espérons qu'ils vont nous faire pleuvoir le Saint-Esprit !"

Puis les chants commencèrent, les uns après les autres… Nous tendions les oreilles ; ces jeunes chantaient avec une réelle grâce ; il se passait quelque chose… Nous entendions des paroles merveilleuses, des chants d'amour à Dieu ; un honneur à Jésus-Christ ; une invitation au réveil ; "Allez, il est temps de sortir de vos tombeaux…!" Nous écoutions tout cela, scotchés sur notre banc, espérant que ce moment dure encore… Le Saint-Esprit effectivement, pleuvait… sur nous.

Ma femme me dit que probablement ils étaient évangéliques, mais je lui répondis que non, parce que nous ne connaissions aucun de leurs chants, qui au demeurant étaient si beaux, si inspirés. Seulement à deux cent mètres de la plage, se trouve une abbaye que je connais très bien, et je pensais qu'il s'y trouvait, ce jour là, un rassemblement catholique, et probablement du Renouveau Charismatique Catholique. Ainsi, ces jeunes étaient des catholiques.

Nous avons simplement pensé en les regardant et les admirant (car ils avaient quelque chose de beau, d'admirable), que nous avions devant nous Le Peuple de Dieu. Voyant leur joie, leur feu, leur passion évidentes pour le Seigneur ; entendant leurs chants aux paroles si fortes pour Lui, nous pensions : "mais qu'avons de plus qu'eux ? Aurions nous quelque chose à leur apprendre ? Serions nous aveugles pour ne pas reconnaître qu'ils sont les enfants du Seigneur, comme nous ?"(Marc 9,40)

Nous les avons applaudis depuis notre banc ; je leur ai crié : " faites encore tomber le Saint-Esprit !" Ils nous ont remercié. Nous avons continué à les écouter encore un moment ; c'était vraiment un bel après midi…

Nous trouvions que quelque part, c'est si simple et si beau d'être des chrétiens, et de se reconnaître entre nous… enfin !

C'est là, l'Esprit qui nous fait marcher vers l'Eglise finitive.

Communiquer la Grâce, un défi permanent.

9 septembre 2008

Chers lecteurs,

il me semble que dans nos jours actuels, le Saint-Esprit va nous emmener, nous qui croyons et cherchons comment dire à d'autres ce que nous avons reçu, vers une communication nouvelle pour y parvenir.

Il s'agira de découvrir la Parole de Dieu dans une profondeur de révélation jamais atteinte ; ainsi que la dépendance au Saint-Esprit, également dans une importance jamais atteinte.

Il s'agira de remettre en cause les shémas d'action et de comportement avec lesquels nous avons fonctionné jusqu'à présent et depuis si longtemps ; il s'agira d'accepter d'être déstabilisé, désécurisé, pour cause d'avancées en direction de l'inconnu, et des inconnus ; ces nouveaux espaces de Dieu, où Il nous veut, afin que nous dépendions plus que jamais de Lui, pour grandir dans la foi en Lui. Ce n'est pas que ces espaces sont nouveaux pour Dieu, mais connus de Lui depuis toujours, et qu'il révèle maintenant à ses enfants.

Au fil du temps et des siècles, et notamment au début de l'ère chrétienne, en premier lieu contre celle ci, on a utilisé la crucifixion, et les lions dans les arènes, ainsi que d'autres moyens aussi "raffinés", pour convaincre les disciples de Jésus-Christ de faire marche arrière. Bientôt, l'échec de ces méthodes fut consommé ; notamment quand l'empereur Constantin légalisa la foi chrétienne dans son empire, en 313. Notons que ce dernier, qui fit assassiner nombre de ses rivaux, parmi lesquels des membres de sa famille, semble pourtant avoir bien servi Dieu, dans les affaires de Son Royaume, puisqu'avec lui, les chrétiens poussèrent un ouf de soulagement, après plus de 250 ans de persécution.

Une question me vient à l'esprit : accepterions nous de collaborer avec un "constantin" gravement païen, quand celui ci, malgré lui, se révèlerait être capable et motivé pour faire avancer les intérêts de Dieu, qui sont de communiquer Sa Grâce ? J'entends d'ici nombre d'entre nous qui s'insurgeraient tout de suite, en dégainant la parole de Paul en 2 Corinthiens 6,14 : "ne formez pas avec les incroyants un attelage disparate…" Mais pourrions nous sérieusement tenir ce discours aux chrétiens d'Irak, qui regrettent peut-être le temps où Saddam Hussein les protégeait de leurs ennemis, tout en faisant disparaître les siens par des méthodes horribles…?

Il est donc permis de penser qu'aucun chrétien refusa d'accueillir la politique de Constantin, sous prétexte qu'il était par ailleurs un criminel ayant même assassiné sa femme ; tout l'Eglise s'installa dans le confort de l'amitié de l'empereur, sans que personne ne s'en plaignit. L'Eglise en profita elle même pour devenir une institution qui rapidement, compta plus sur sa puissance nouvelle et rayonnante, que sur son Dieu, comme à l'origine. Ainsi sur sa lancée, elle devint sûre d'elle, orgueilleuse, agressive ; et bien vite, apparurent dans les mains de ses troupes, plus d'épées que de croix. Le paroxisme de cette voie fut peut-être atteint aux temps des Croisades, qui n'ont pas donné les résultats escomptés, et dont les musulmans se souviennent très bien…en terme de témoignage chrétien…pour communiquer la Grâce… Je parle des musulmans d'aujourd'hui, et de leurs légions d'islamistes. C'est à dire d'environ un milliard et demi de gens, toujours trop profondément habité par la blessure de cette "communication" de la Grâce.

Le temps de la Colonisation a de plus parachevé l'oeuvre de ce type de "témoignage"; les missionnaires suivant les militaires, les épées ayant seulement laissé la place aux fusils et canons.

Face à ce témoignage chrétien qui s'est ainsi acoquiné, compromis avec le pouvoir de la force charnelle et brutale de certaines nations et leurs peuples, depuis 17 siècles ; se dresse aujourd'hui une réaction planétaire, faite de rejet violent du Dieu des chrétiens, et des chrétiens eux mêmes, ou assimilés bien sûr.

Face aux juifs en terme de reproche, nous entendons les mots : pogroms, shoah, ghettos et cafards déïcides.

Face aux musulmans, nous entendrons : croisades, colonisations, bougnouls et sales arabes.

Face aux animistes d'Afrique et d'ailleurs, nous entendrons : sales négres, sous hommes et vrais singes.

Toutes ces fautes de comportement nous sont aujourd'hui renvoyées en pleine face ; 17 siècles d'erreurs de communication du Message, ne peuvent se digérer si vite…! Demander pardon est certes, la meilleure chose à faire, tout en sachant que ce pardon doit mûrir dans les coeurs de ceux que nous avons blessé pendant si longtemps.

Changer de comportement sera ensuite l'autre meilleure chose à faire ; s'il est vrai qu'en tout temps, il s'est trouvé des missionnaires chrétiens répandus partout dans le monde, ayant accompli une oeuvre d'amour incommensurable, au Nom de Jésus-Christ, auprès des peuplades auxquelles ils ont donné leurs vies ; il est urgent de les imiter, dans la douceur et l'amour du Sauveur.

Le prophète Zacharie a écrit : voici que ton roi vient à toi, plein de douceur et monté sur une ânesse, sur un ânon, le petit d'une bête de somme (Zacharie 9,9). Il annonçait le Seigneur et Messie, qui a lui même cité cette parole en entrant à Jérusalem (Matthieu 21,5).

Les successeurs du Seigneur ne ce sont pas tenus dans le même registre, hélas ; et encore actuellement, s'il est réel que pour annoncer le message, on a laissé les épées, fusils et canons ; d'autres armes restent en vigueur, comme les mots qui tuent tout autant, pour caractériser trop vite n'importe qui et n'importe quoi de diablerie, d'hérésie ; quand même ce serait vrai dans la réalité ; citant la Bible au besoin et de façon sélective plus qu'objective, pour mieux justifier le propos.

De façon récurante, nous oublions que nous avons des humains en face de nous ; c'est à dire des coeurs sensibles, pas toujours prêts à entendre notre vérité, ou même La Vérité.

L'Apôtre Paul accompagné de Barnabas, arriva à Lystre, ville d'Asie mineure, en Turquie actuelle. il y guérit un impotent des deux pieds qui l'étaient de naissance. A cette vue, les foules prirent les deux missionnaires chrétiens pour des dieux et les appelèrent Zeus et Hermès. Le prêtre local de Zeus, vint pour leur rendre un culte et adorer ces deux hommes, qui réagirent en des termes catégoriques, pour demander aux foules de se détourner de ces vanités et se convertir au Dieu vivant et créateur de toute la terre (Actes 14,15).

Nous pouvons donc dire que Paul et Barnabas n'ont pas pris de gant pour annoncer la couleur… Mais il est aussi écrit un peu plus loin dans le même livre des Actes des Apôtres, qu'en arrivant à Athènes, ce même Paul s'y est pris cette fois ci tout autrement : voyant toutes les idoles dans la ville, cela l'irritait profondément, mais il n'en dit mot à personne ; il se contrôla et n'adressa aucun reproche à qui que ce fut. Il trouva même une statut dédiée à un dieu inconnu, dont il se servit pour suggérer aux Athéniens qu'il s'agissait de son Dieu qu'il venait leur annoncer ; les félicitant au passage d'être aussi religieux qu'ils l'étaient (Actes 17,16 à 34).

Aujourd'hui, ce type de communication de la Grâce ne se pratique pas encore réellement dans les rangs du peuple de Dieu. On ne sait pas encore être subtil et raffiné ; fins communicateurs du Message ; travaillant avec le Saint-Esprit ; pour ne pas utiliser la même méthode en toute circonstance, mais apprendre la dépendance à Lui et y rester, afin d'ajuster le comportement à chaque situation différente.

Sans casser personne, ni directement aucune croyance locale, Paul a su faire passer le Message de l'Evangile.

Qui sait faire cela aujourd'hui ??
Plus d'"épée, plus de fusil, plus de canon, mais on flingue toujours…!

Certes, Jésus a flingué ; mais qui ? Les Pharisiens qui faisaient preuve d'une très mauvaise volonté et à ce niveau n'en était pas excusable. Jésus leur a réglé un compte en leur disant notamment qu'ils avaient pour père le diable (Jean 8,44).

Plus loin, il leur a dit : "si vous étiez aveugles, vous n'auriez pas de péché…"(Jean 9,41)

Nous, nous parlons à ceux que nous regardons comme des aveugles, et nous leur disons qu'ils sont pécheurs ; très souvent, ils ne savent ni qu'ils sont aveugles, et ne sont pas toujours conscients qu'ils sont pécheurs.

Nous ne communiquons aucune grâce, nous cognons plutôt comme des brutes épaisses. Mais Jésus, sévère avec les pharisiens, l'a t-il été avec Zachée ? Non, parce qu'il savait que ce homme était sincère et en recherche, bien que grand voleur parmi le peuple. Jésus pris l'initiative d'aller manger chez lui sans lui faire le moindre reproche ; alors simplement Zachée sut ce qu'il avait à faire pour mettre sa vie en règle, et il le fit (Luc 19, 1 à 10). Voilà du travail propre, sans équivoque, sans mot malheureux, sans jugement. Le Seigneur est un artiste, Il a de la classe ; quant à nous, cessons nos brutalités au milieu d'un monde déjà si malade. Chaque être humain est une créature aimée de Dieu, qu'Il veut sauver et non dégouter de Lui et des chrétiens.
Il est écrit : comment croiront-ils s'ils n'entendent pas parler de Lui ?
(Romains 10,14)

Il est aussi écrit : qu'ils soient gagnés sans parole, par la conduite pure et respectueuse (du témoignant).(1 Pierre 3,1 et 2)

Il est écrit : si ton frère a péché, va reprends le.(Matthieu 18,15)

Il est même écrit : si quelqu'un voit son frère commettre un péché, qui ne mène pas à la mort, qu'il prie, et Dieu lui donnera la vie.(1 Jean 5,16)

Laissons donc le Saint-Esprit nous enseigner honnêtement sur ce que nous ne connaissions pas jusqu'à présent ; ce n'est ni par force ni par puissance, mais par mon Esprit, dit l'Eternel des Armées (Zacharie 4,6)

Croyons nous que c'est si souvent que nous entendons un chef d'armée parler ainsi ?
…

Lui le Tout Puissant, ne pourrait-il pas agir autrement, tant Il en a les moyens ? Mais

Il y va en douceur ; d'autant plus, nous, qui ne sommes pas tout puissant, sommes nous dans l'obligation absolue d'en faire autant.

Ainsi, quand nous sommes avec ceux qui ne sont pas spécialement comme nous, devons nous y aller avec délicatesse, sachant que la communication du Message est d'abord l'affaire de Dieu, qui nous demande surtout d'être Témoins de Son Amour, plutôt que des professeurs qui expliquent aux autres ce qu'ils ont à faire.

Petits enfants, n'aimons pas en parole ni avec la langue, mais en action et en vérité (1 Jean 3,18).

En conclusion mes amis lecteurs, je dirai simplement que cette "politique" de comportement s'inscrit en droite ligne dans l'esprit de l'Eglise finitive, qui veut rompre avec tout ce qui ne fut pas à l'honneur de Dieu jusqu'à présent ; qui a travaillé contre Lui, plutôt que pour Lui et avec Lui.

Combattons donc le bon combat de la foi, et que notre amour soit connu de tous ! Que par nous des foules de coeurs soient tranquillisés, et que le nom de Jésus-Christ ne soit plus sali, mais reconnu pour Vrai et Sauveur.

Soyez bénis par cette parole sans prétention, mais sincère.

Les conclusions hâtives et l'expérience minimaliste, vous connaissez ?

13 septembre2008

Chers lecteurs,

êtes vous prêt à être...des obligés de Jésus ?

En Matthieu 14,22 Jésus "obligea ses disciples à monter dans une barque". Je souhaite que nombreux soient ces chrétiens que Dieu, en quelque sorte, oblige à aller plus loin.

L'histoire qui suit ce verset nous raconte que Jésus a marché sur les eaux et comment Pierre, après quelques instants de surprise et de perplexité, a entrepris de le rejoindre. Ce récit bien connu peut faire penser à toutes ces expériences que les chrétiens font avec Dieu, et qu'ils racontent ensuite, autour d'eux, sans oublier d'être généreux dans les détails mettant en relief toute l'amplitude de ce vécu personnel, ainsi que la fidélité de Dieu qui ne se dément jamais.

Ainsi Pierre et ses amis ont connu la frayeur extrême de se trouver sur une mer démontée, avec le sentiment de jouer involontairement avec la mort... conséquence des obligations du Maître. Il y a déjà là quelque chose à méditer, et qui n'est pas spécialement banal. Mais je laisse à chaque lecteur le soin de le faire pour lui même. Ensuite, notre équipage en les circonstances voit venir une silhouette bizarre, marchant sur l'eau... Ah, qu'est ce donc que ça ?

Un fantôme !! Autrement dit, le diable !

Aujourd'hui, nous dirions : bon, voyons ce que la Bible dit à ce sujet... les prophètes ont-ils annoncé que le Messie marcherait sur l'eau ? Non, semble t-il. Donc, nous sommes en présence d'une manifestation non biblique, donc pas de Dieu. Au demeurant, LA BIBLE DIT : il (le diable)vient déguisé en ange de lumière, pour séduire les élus... Alors, attention à ne pas ajouter foi à tout esprit, et surtout pas à celui là.

...Voici une analyse très sage, bibliquement charpentée, et présentée par des gens qui font références dans l'Eglise du Seigneur...

Oui...

...Sauf que dans cet épisode, bien que peu d'éléments laissaient à penser que ce fut le Seigneur Jésus qui arrivait, c'était tout de même bien de Lui qu'il s'agissait. Nos amis les disciples, ont peut-être, un peu comme leurs successeurs actuels, crier trop

vite au loup ! C'était peut-être de leur temps, un réflexe bien rodé, comme c'est aussi le cas aujourd'hui.
Deux questions me viennent à l'esprit : y a t-il quelqu'un qui ait du plaisir à se faire traiter, disons de diablotin ?... de surcroit par les gens de chez le Seigneur ?... Et le Seigneur Lui même apprécie t-il de faire l'objet du même traitement ? Peu problable n'est ce pas…?

Une troisième question : un phénomène qui se manifeste, dont on ne trouve pas trace dans la Bible (où qu'on croit ne pas trouver), est-il forcément diabolique ?…

Revenons au texte. Matthieu 14,26 : face à cette manifestation, visiblement Pierre et ses amis n'en éprouvait aucune paix…

Donc, vraiment pas de Dieu cette affaire ! Car si c'est Lui, on a La Paix !
Pourtant le texte nous indique que ce n'est pas systématique et immédiat. Ceci n'est pas discutable.

Verset 27, Jésus s'efforce tout de suite de rassurer les siens. Verset suivant, Pierre en leader déjà évident, prend une bonne initiative pour vérifier s'il s'agit bien de Jésus. Excellent.

Verset 29, la réponse de Jésus est nette, et c'est alors que Pierre va vivre une expérience extraordinaire : il sort de la barque pour se porter au devant de ce qu'il croyait être au départ un fantôme… Pierre évolue très vite ; plus vite que beaucoup de ses descendants actuels peut-être… Il est même presque trop rapide, car-pardonnez moi, j'y reviens-mais il n'a même pas pris le temps de consulter les Ecritures…! N'empêche, il a quand même consulté Celui dont le nom est "Parole de Dieu"(Apoc. 19,13).

Mais transposons ce moment à notre époque ; certainement qu'il y aurait des pours et des contres dans l'évaluation de la méthode, et que "ça chaufferait" sur les blogs évangéliques…! Or, si Jésus lui a fait des reproches, ce n'est pas sur ce point.

…Et voilà que Pierre marche lui aussi sur l'eau, à la rencontre de Jésus. Expérience inoubliable, impensable ! Déjà voir Jésus le faire est tout à fait extraordinaire, mais qu'il le fasse à son tour, doit le vider de toutes ses exclamations…! Sans parler de ceux qui sont rester en arrière, à regarder cela en témoins directs ; impact certain aussi pour eux.

Imaginons que l'un d'entre eux revienne aujourd'hui, bien authentifié, et qu'il se propose de nous raconter cela, par exemple au stade de France ; il se pourrait qu'il y ait affluence et grand intérêt !

Pourtant dans le verset 30, l'expérience de Pierre connait un cafouillage, qui le fait s'enfoncer dans l'eau. Qu'à cela ne tienne, il appelle tout de suite le Seigneur à son secours ; et Lui qui est effectivement si fidèle, ne le laisse pas se noyer mais le saisit dans l'instant et le sauve. Merveilleux, réellement ; et je le dis sans ironie, qu'on se rassure.

Mais Jésus n'est pas satisfait de ce qui vient de se passer. Il le dit à Pierre. Et le lecteur avisé de conclure que s'il est merveilleux que Pierre ait ainsi fait des pas sur l'eau, à la rencontre du Seigneur de surcroit, il aurait pu en faire beaucoup plus, et ne s'enfoncer à aucun moment. Certes, je n'aurai sans doute pas fait mieux que lui ; mais est ce une raison pour ne pas écrire ce propos ?

Les autres disciples auraient pu suivre Pierre eux aussi, pourtant aucun d'eux n'a bougé. Tous ensemble, ils auraient pu se retrouver ainsi sur les flots déchaînés, et s'y offrir une petite (ou grande) ballade. Voire, entamer une réunion de prières…

Quelques pas sur l'eau, par le plus courageux d'entre eux, c'était forcément à mettre dans les annales néotestamentaires ; mais je le redis, Jésus au final ne s'est pas montré satisfait de ce qu'il a vu.

N'empêche, tout le monde l'adore dans la barque, et dans une nouvelle révélation de lui.

N'empêche Lui, le Seigneur, attendait une autre prestation de ses disciples.

J'ai quelquefois le sentiment qu'on se congratule de nos expériences extraordinaires, ainsi qu'on en glorifie le Seigneur sans nuance… pendant que dans le ciel, ce Seigneur soupire parce qu'on s'est finalement contenté de quelque chose de minimaliste. Nous sommes heureux de ce que nous avons eu, alors qu'Il voulait nous en donner beaucoup plus. Le Seigneur est Le Donneur, … frustré par excellence.

Seigneur, donne moi juste le smic ; je ne t'en demande pas plus…

Mes amis, s'il n'est pas faux que l'évangile de prospérité est à revoir dans son contenu (on ne le cherche pas pour être riche mais par amour), c'est également la même chose pour l'évangile de pauvreté.

S'il est vrai que le premier est insupportablement arrogant, le second consiste à trouver normal de sortir dehors en chaussettes… sans les chaussures.

Prenons la mesure de la bonté extravagante de Dieu. Cessons de Lui demander le minimum ; grandissons dans notre compréhension de Lui, de Son Coeur généreux et de sa Parole.

Le monde le verra, et qu'en pensera t-il ?

Affectueusement à chacun de vous, en Lui, Le Dieu Maximum.

Dieu ne se comprend que par La Croix

15 septembre 2008

Chers amis lecteurs,

compte tenu des opinions largement admises et déviantes, j'ai pensé que ce propos qui va suivre, n'est pas sans légitimité dans son contenu.

En effet, j'ai de plus en plus tendance à penser que sur la question "Dieu", dans sa relation à l'humain, il y a un malentendu qui ne cesse de s'élargir, et qui a pu prendre une échelle désormais mondiale.

Chercher Dieu devient la préoccupation d'un nombre grandissant de gens. Le monde connait un appétit spirituel qui est comme un tsunami. Ainsi, toutes les philosophies, d'où qu'elles viennent, s'invitent pour répondre à cet appel relativement universel.

De cette offre à 360°, certaines conceptions, pas forcément nouvelles, se révèlent justement comme résistant bien à l'érosion du temps. Je pense notamment au fameux "nous irons tous au paradis". Ainsi que "Dieu est amour, Il ne permet pas que le mal t'atteigne". Ou encore "Il est plein de compréhension, pas étriqué du tout, il te soutient quoique tu fasses"…quoique tu fasses…

D'autres mots ou concepts semblent à l'inverse être peu en vogue, ou simplement bannis. C'est le cas de la malédiction, du péché et de la culpabilité par exemple.

Lire la Bible, qui est tout de même la source de base concernant Dieu, ne semble pas non plus être une logique qui s'impose d'elle même.

Partout ailleurs dans ce monde, pour s'enrichir dans un domaine quelconque, on va forcément à la source d'expérience et d'information correspondante ; mais pas là.

En effet, pour chercher Dieu, on ne lit pas la Bible…Bizarre ! Comme disent les jeunes : trop bizarre !

Il faut dire qu'au fil des siècles, on a aussi présenté un Dieu bizarre : un Dieu sévère, qui voit tout, qui ne laisse rien passer et qui punit, qui flingue.

Alors, lasse de ce portrait, le monde a refaçonné Dieu. Puis il s'est alors passé un phénomène bien humain et bien connu : celui du balancier. C'est ainsi qu'on est passé d'une présentation très punitive de Dieu, à une autre complètement laxiste. Aujourd'hui, beaucoup ont de Dieu ce portrait, qui leur fait croire qu'Il ferme les yeux sur tout ; qu'Il pardonne sans condition ; qu'il faut se détendre, car il n'y a pas

de quoi s'alarmer ; Son Coeur d'Amour est immense, allons donc en paix, il n'y a pas "le feu au bocal".
S'il est vrai qu'une certaine lecture de l'Ancien Testament peut rendre l'image d'un Dieu austère ; je crois qu'il est impossible de trouver dans le Nouveau Testament, celle d'un Dieu complètement débridé, en l'absence d'aucune règle.

Chers lecteurs, vous ne voulez plus d'un Dieu austère ? Moi non plus.
Vous croyez au Dieu débridé ? Moi aussi…
…Au Dieu qui pardonne tout ? Moi aussi…
…Qui déculpabilise ? Moi aussi…
…Au Dieu qui apporte une détente intérieure réelle ? Moi aussi…
…A ce Père, ce Papa qui chérit ses enfants ? Moi aussi !
… Et si moi aussi j'ai cette image de ce Dieu Père, c'est parce que je crois… en La Croix.

Sans cette Croix, je ne crois pas et n'accède pas à ce Père, Mon Père céleste.

Or, je crains bien que beaucoup aujourd'hui, s'imaginent pouvoir accéder au Père, sans nécessairement passer par la Croix.

Qu'est-ce que je veux dire ?
Je veux dire qu'effectivement, Dieu a tellement aimé chacune, chacun d'entre nous, qui étions mauvais, pécheurs coupables et maudis ; qu'Il a décidé de faire mourir Son Fils Jésus Christ, à notre place, pour que de perdus que nous étions, nous soyons finalement sauvés. (Jean 3.16)

Le drame de la Croix, fut une Oeuvre qui nous a libéré de la malédiction. Puisque je crois en Elle, la malédiction n'existe plus pour moi ; cette dernière est morte, en ce qui me concerne. La mention de ce mot ne m'inquiète pas, car en réalité un mort ne peut plus me nuire. Je suis né à La Bénédiction de la Croix, et je le dis !

Il en est de même pour le péché et la culpabilité. Oui, j'étais pécheur et coupable, par nature et par fait, mais la Croix m'a lavé de tout cela. Je n'ai pas peur de regarder en face ce que j'étais, car en le faisant, c'est surtout la Croix salvatrice, que je vois.

Ainsi, je me souviens très bien de qui j'étais, sans le nier, sans discuter, mais je vois surtout l'énorme amplitude de la Croix, avec le Sang de Christ répandu sur moi, comme une ombre perpétuelle, justificatrice, sous laquelle je suis venu me réfugier.

Ainsi, oui, je goûte au Dieu débridé d'amour pour moi ; à son pardon total ; je suis complètement déculpabilisé et détendu. Dieu est bien mon Papa ; et d'ailleurs, Jésus-Christ, Son Fils premier né (et pourtant éternel), est là pour me le dire, Lui qui m'a sauvé, et qui est mon Ami.

Chers lecteurs, si vous croyez pouvoir accéder au Père d'En Haut, sans passer ainsi par la Croix c'est à dire par Jésus-Christ, vous avez avalé un très gros mensonge. D'ailleurs, sans cette Croix, la foi chrétienne n'existe pas. Si en outre vous pensez que cette Bible, nous exposant clairement ces choses, n'est pas forcément Le Message de Dieu, parce qu'écrite par des hommes, vous avez avalé un autre gros mensonge, qui réjouit hautement satan, l'ennemi de votre âme.

Chers frères et soeurs en Jésus-Christ, si vous ne dites pas ces choses autour de vous, vous ne faites pas votre travail de témoins de Lui ; Il vous a donné une responsabilité (Luc 9,2) et vous ne l'assumez pas (désolé pour cette culpabilisation…).

Si vous prêchez l'amitié de Dieu à quelqu'un, sans lui indiquer que ce fut seulement possible par l'Oeuvre de la Croix, vous lui dites un mensonge, qui pourra lui apporter un possible et réel réconfort sur le moment, mais qui à terme, ne le conduira jamais au ciel, c'est à dire plutôt en enfer (et qu'on ne dise pas que ce mot est absent de la Bible, car nombre d'autres variantes y sont, pour parler de la même chose).

Une fois que j'ai expérimenté la Croix, et que j'ai compris par quel acte immense du Fils de Dieu j'ai été tiré d'affaire, j'en éprouve forcément une infinie reconnaissance pour Lui. Je vais donc L'aimer, Le suivre, et faire ce qu'Il me demande avec grande joie.

Si à nouveau, en ce chemin, je fais encore des bêtises, ce qui arrive souvent, j'irai encore "à la Croix" pour être encore pardonné. Ainsi j'expérimenterai Son Pardon, Sa Grâce continuels.

Est-ce un jeu d'ailleurs ?… Je pêche, mais ce n'est pas grave, car "quand je vire dans le rouge", je m'empresse de courir à la Croix pour "arranger le coup"…

L'apôtre Paul répond non à ce genre de petit calcul (Romains 6,1). Car en effet, celui qui a suffisamment "vu" les souffrances de Christ en Croix, a vu aussi l'horreur du péché et de ses conséquences. Il est un tantinet "vacciné" d'y revenir. Il n'est pas de ceux qui croient en la Grâce, tout en continuant d'aimer leurs péchés, et donc qui se livrent à ce petit (ou grand) jeu. En outre, il sait qu'en péchant de nouveau, de nouveau il offense le Coeur de Celui qui a déjà suffisament souffert sur cette Croix.

Cela veut-il dire que certains ne pèchent plus jamais ? Qu'ainsi, ils n'ont plus jamais besoin d'aller de nouveau à la Croix ? Je pense que ce genre de personne n'existe pas. Mais il y a ceux qui demeurent encore bien faibles, parmi lesquels beaucoup d'authentiques enfants de Dieu, sincèrement peinés de ne pas toujours parvenir à se défaire de ce qui les oppresse ; et qui viennent ainsi au pied de la Croix, demander Grâce encore ; Grâce qu'ils obtiennent, car Dieu, l'Ami qui lit dans les coeurs, voit qu'il ne s'agit pas là d'un jeu volontaire de la part de ses enfants.

Mon ami lecteur, sois rassuré ; Dieu connait la sincérité de tes larmes, quand tu fais ce que ton coeur n'approuve pas, sans parvenir à y résister.

Bien sûr, en de tels cas, tu as sans doute besoin de délivrance ; tu peux alors à nouveau venir à la Croix, pour recevoir par la foi, que ton Sauveur a aussi brisé toutes tes chaînes, il y a deux mille ans. Il a dit : "tout est accompli" (Jean 19,30), donc aussi la délivrance de tes chaînes.

Tu peux te détendre ; relever la tête ; retrouver le sourire ; Il s'occupe de toi, puisque tu le Lui as demandé et que tu crois.

Mon ami, j'irai jusqu'à te dire qu'Il te déclare JUSTE, bien avant que tu en aies fini avec ta dernière faiblesse. Ceci parce que tu as décidé de regarder à Lui, par le prisme de la Croix.

Voilà son Amour. Goûte le ; goûte encore ; bois, enivre toi, c'est le Vin le meilleur.

Au terme de cette petite réflexion, je pose comme quelques questions : qui va concevoir Dieu par la Croix ? Qui va tenter de le faire sans la Croix ? Quelle voie sera la plus suivie ?

Beaucoup suivirent Jésus…pendant un moment…tant qu'Il leur disait des choses allant dans leur sens. Ensuite, Jésus connut la désertion autour de Lui (Jean 6,66). Est-ce bien toujours la majorité qui a raison ?

Et vous, que choisissez vous ?

Affectueusement à tous !

Le pardon, et le pardon
10 octobre 2008

Ou pour être plus clair chers lecteurs, parlons plutôt de repentance et de pardon... "à l'horizontal", c'est à dire entre nous, les humains.

Car à "la verticale", c'est à dire entre Dieu et nous, les choses sont simples : tout dysfonctionnement dans la relation ne peut venir que de l'humain ; c'est ce qu'on peut appeler une histoire en noir et blanc. Ainsi, il appartient à l'homme de se repentir envers Dieu, quand cela s'impose, mais en aucun cas de Lui pardonner, car l'homme n'a jamais un réel grief contre Lui, même si dans ses égarements il peut s'en inventer. Tandis qu'entre nous les humains, les données ne sont pas les mêmes. Au contraire d'avec Dieu, il y a des torts des deux côtés, plus ou moins à chaque fois ; car personne n'agit jamais parfaitement.

Quand nous lisons la parabole du fils prodigue (Luc 15), il y a deux approches possibles : ou le père est une figure de Dieu, ou il est un homme tout à fait ordinaire.

La première approche est recevable car nous ne voyons aucun défaut de comportement chez ce père, qui au contraire fait preuve d'une extraordinaire noblesse dans toutes ses attitudes. Difficile ainsi de ne pas penser au Père d'en Haut...

La seconde l'est aussi, car Jésus décrit une histoire qu'il situe chez les hommes, entre eux, dans une famille de la terre ; et le lecteur sérieux doit s'interdire de la transposer systématiquement ailleurs.

Toutefois pour ces deux approches, il n'y a qu'un récit.

Celui ci ne montre pas que le fils pose des conditions à son retour, et à sa réconciliation avec son père. Le fils n'en a d'ailleurs pas les moyens, il est en situation de vaincu ; c'est à dire qu'il s'est vu tel qu'il est, et qu'il a vu sa faute telle qu'elle est. On appelle cela "assumer".

Malheureusement, souvent, il n'y a pas grand monde pour être comme ce fils prodigue qui revient, en "assumant". Généralement, nous faisons comme Adam : "c'est la femme que tu as mise auprès de moi qui..."(Gen. 3,12). Nous faisons même comme Eve : "c'est le serpent qui m'a induite en erreur..."(Gen.3,13)

Conclusion : j'ai péché, mais je suis plutôt victime que coupable. Au passage d'ailleurs, comment se fait-il que Dieu n'est pas mis une femme plus fiable que cela aux côtés d'Adam ; et que faisait ce serpent dans le jardin... pourquoi Dieu a t-il permis qu'il y soit ?

Et c'est ainsi qu'Adam et Eve ont montré comment il fallait s'y prendre pour ne pas assumer…leurs fautes. La question personnelle est de savoir si en temps que chrétien, je suis fils d'Adam ou fils de Dieu ?

Hélas, aujourd'hui, la vraie repentance se fait rare. Des gens, parmi les chrétiens, qui admettent leurs fautes, le font dans l'esprit d'Adam et Eve. C'est à dire, j'ai fauté, mais on m'a bien aidé à le faire… j'ai eu de forts mauvais exemples, et si je n'avais pas hérité d'un tel esprit de famille, je n'en serais pas là…

Mais ce n'est pas ainsi qu'a réagi le fils prodigue. Il n'invoque rien qui le disculpe ; il ne met en cause ni son père ni son frère ni personne d'autre ; il dit : j'ai péché contre le ciel et contre toi, mon père (Luc 15,21).

Chers lecteurs, notez qu'au verset précédent, avant même que ce fils n'ait eu le temps de confesser sa faute à son père, celui ci l'a accueilli et pardonné pleinement.

Autrement dit, il y a donc se repentir vraiment et sans tergiverser, mais il y aussi donner le pardon, également de tout coeur (avant même que notre adversaire se soit humilié).

Le pardon se demande, et le pardon se donne. Ce sont deux attitudes distinctes et complémentaires.

Donner le pardon n'est pas facile ; le demander encore moins peut-être.

Donner le pardon exige la capacité d'oublier…les fautes de l'autre. C'est un effort d'amour.

Demander le pardon implique l'aveu de notre culpabilité. C'est un abandon de notre orgueil.

Non rarement dans ma petite existence, j'ai vu un pardon accordé par des personnes qui ne s'inquiétaient guère de le demander à leur tour à leur prochain, comme s'il était évident qu'elles n'avaient absolument aucun tors envers celui ci… Et c'est ainsi qu'après une telle "séance", les choses s'aggravèrent au lieu de s'améliorer.

Je dirai donc que le pardon selon l'Esprit de Dieu et l'exemple de Jésus (Père pardonne leur car ils ne savent ce qu'ils font), se demande sans réfléchir quant à la part de culpabilité de l'autre, et sans relativiser la sienne. Le pardon se donne, comme Jésus l'a fait à la croix ; c'est à dire au moment où mon adversaire me trucide.

Suis je capable de cela ? Non sûrement !

Mais dois je écouter mes sentiments ou la voix de Dieu ?...

...Suis je incapable de l'appeler au secours au milieu de ma colère ?
Je prierai ; je dirai : "Seigneur, je te donne la colère que j'ai dans mon coeur, et j'accueille ton esprit de pardon qui va me permettre de pardonner". Et je Lui ferai confiance qu'Il opère ainsi en moi.

Personne d'entre nous ne vit sans avoir été pardonné. La vie n'existe pas sans pardon. Dieu nous a parfaitement pardonné en Jésus-Christ son Fils ; sachons le en regardant la Croix et la Résurrection.

Pas de pardon accordé en fonction de l'évolution de l'autre ! Pas de pardon demandé en s'accordant des circonstances atténuantes !

La vertu du pardon ne s'acoquine d'aucun marchandage.

Au delà même de ce qui a été dit dans ces lignes jusqu'à présent, il convient d'ajouter en forme de conclusion que le vrai pardon n'est pas seulement une attitude, mais d'abord une personne.

Jésus-Christ est Le Pardon de Dieu ; Celui du Père ; de Notre Père, à nous qui croyons en Ce Pardon (les autres ne reconnaissant pas qu'ils sont coupables et que Le père leur a pardonné, n'entrent pas dans la jouissance de Ce Pardon, le jugeant inutile pour eux).

Pour savoir comment pardonner, je regarde Le Pardon ; je Le contemple et je Le laisse façonner mon coeur qui en a bien besoin.

Dans les temps derniers et l'Eglise Finitive, le vrai Pardon sera redécouvert et massivement pratiqué dans le coeur des croyants. C'est ainsi que des foules de malédictions seront dissoutes et que des vagues de Grâce déferleront sur le peuple de Dieu, purifié, en témoignage ultime à la terre, avant le gong final.

Bien à vous chers lecteurs,

Un homme et ses deux femmes…

7 novembre 2008

Chers amis lecteurs,

s'il est incontournable que le Nouveau Testament ne permet pas à un homme d'avoir deux femmes (1 Corinthiens 7,2), et qu'il faut y voir là quelque chose de prophétique ; il peut néanmoins sembler curieux qu'il en soit autrement dans l'Ancien Testament.

Dieu qui ne change ni ne varie (Jacques 1,27), serait-Il finalement évolutif ?…

En effet, dans l'Ancien Testament, il y a le cas d'Abraham, qui eut en quelque sorte deux épouses : Sara, celle qui est légitime ; et Agar, la servante de la première.

Saraï signifie "princesse". Elle est vraiment l'Epouse de son mari, mais elle pense que Dieu l'a rendu stérile (Genèse 16,2) ; elle en souffre et se déconsidère. Cela va la pousser, à imaginer "la solution Agar"; c'est ainsi qu'elle va envoyer cette dernière vers son mari pour avoir une descendance.

Beaucoup d'enfants de Dieu ne savent pas qu'ils sont "ses princes et ses princesses". Ils ne connaissent pas non plus les promesses et la miséricorde de Dieu. Comme Saraï, ils pensent qu'Il les a rendu stériles ; que c'était sa volonté. Mais dans leurs souffrances, ils ne peuvent s'empêcher de chercher des solutions de remplacement nommées "Agar".

Agar signifie "errement, étrangère".

Il y a beaucoup de Saraï dans le peuple de Dieu. Leur profil est une méconnaissance de leur Dieu et de son Amour…qui a pour conséquence une méconnaissance d'eux mêmes, et de leur Appel dans Sa Grâce. Ainsi, sans renier en surface le nom de Dieu, ils font obstacle à Sa Bénédiction sur leurs vies ; mais comme ils veulent tout de même être un peu heureux, ils vont se débrouiller par eux mêmes, en usant de "ces solutions Agar"; ces errements, étrangers au Seigneur et à sa Grâce.

Dieu se décourage t-il d'eux ? Non, car Il a quand même béni Saraï (princesse pour son mari), en la faisant devenir Sara (princesse pour beaucoup).

Sara a eu un enfant bien à elle, selon la promesse de Dieu ; au passage, Il l'a purifié en lui montrant qu'Il ne rend stérile personne. En effet, ce n'est pas Dieu qui nous rend stérile, mais plutôt notre regard sur Lui et sur nous ; c'est à dire notre manque de foi en Lui, pour nous.

Comme Saraï est devenue Sara, de nombreux enfants de Dieu vont passer de la stérilité à la fécondité ! Ils éviteront ainsi que des Agar, qui ne demandaient rien, qui étaient bien dans leur condition, ne rejoignent ces Saraï dans leur souffrance (les problèmes découlant de la désobéissance).

Peuple de Dieu, tu n'as pas besoin d'Agar, cette solution de rechange ! Si tu as vécu comme une Saraï, repends toi, et deviens maintenant une Sara ; La Princesse, fiancée du Seigneur ; Son Unique (Cantique 6,9).

Le Seigneur a plusieurs prétendantes, mais une seule sera Son Elue ; pour qu'elle le soit, elle devra cessée d'être esclave, pour devenir la femme libre. La femme esclave est loin, la femme libre est proche, de Dieu ; dans son intimité ; dans son sein, passionnée de Lui.

Agar, image de la femme esclave, est aussi celle qui est invitée à s'approcher d'Abraham, par l'intermédiaire de Saraï ; elle en recevra effectivement une bénédiction (Ismaël qui signifie "Dieu entend", donc Dieu qui exauce…quand bien même ce n'était pas son plan), mais en forme "d'âne sauvage, qui sera contre tous, et tous contre lui"…(Genèse 16,12).

S'approcher de Dieu par intermédiaire peut donc permettre de recevoir une bénédiction ; mais pas La Bénédiction, celle du Plan de Dieu.

Abraham eut ainsi une descendance, et entre autre un petit fils nommé Jacob. Sur le plan matrimonial, celui ci fit "mieux" que son grand père, puisqu'il eut, malgré lui, deux épouses légitimes, et aussi des enfants de leur servante respective. Il connut donc quatre femmes, dont il eut douze enfants.

Jacob aima Rachel, sans doute d'un amour à faire rêver beaucoup de coeurs. Mais son oncle usa de ruse pour que Jacob épousa sa soeur Léa. Ce qui ne l'empêcha tout de même pas d'épouser aussi RACHEL, L'AMOUR DE SA VIE.

Léa eut beaucoup d'enfants, apparemment sans que cela n'altère sa santé. Rachel, au départ stérile elle aussi et pendant longtemps, dûe attendre pour avoir enfin un enfant de Jacob ; elle en eut même un second, mais elle mourut en couche…

Le profil de ces deux femmes sont deux mentalités présentent aujourd'hui dans l'Eglise du Seigneur. En effet, on peut dire que Léa "a fait" dans la quantité, tandis que Rachel plutôt dans la qualité.

L'esprit de Léa veut que pour être de bons parents bénis, il faut avoir beaucoup d'enfants.

L'esprit de Rachel lui, souligne plutôt que de bons parents font de bons enfants.

Les enfants de ces deux femmes n'ont qu'un seul père, mais pas la même mère.

La suite du récit biblique montre que "les enfants de la quantité" chercheront à mettre à mort "l'enfant de la qualité". Mais finalement ce dernier règnera bien sur les précédents, qui entre temps, auront appris à devenir eux mêmes "fils et frères de qualité".

L'enfant de la qualité est cette église philadelphique, peu nombreuse, faible et ainsi méprisée pour un moment. Mais passé ce temps, les enfants de la quantité, ces autres églises, viendront comme les frères de Joseph devant lui, se prosterner et reconnaître leur égarement (Apoc. 3,8 et 9)

Ainsi, l'esprit de Léa, encore bien présent aujourd'hui dans l'Eglise du Seigneur, sera vaincu et laissera toute la place à celui de Rachel ; cette femme qui est morte de ses souffrances, un peu comme son enfant Joseph fut déclaré mort lui aussi ; cette femme qui ressuscitera (par sa mentalité) comme Joseph ressuscita lui même pour régner sur sa famille et par le moyen de l'Egypte ! Car l'Egypte, symbole du monde, accueillera favorablement l'esprit de Rachel, bien plus vite que l'Eglise. L'Egypte appréciera les chrétiens de qualité de façon bien plus spontanée que l'Eglise.

Au début de l'Apocalypse, Dieu parle de Ses Eglises. Mais à la fin, il n'est plus question que de l'Epouse de l'Agneau.

L'Agneau n'épousera pas plusieurs femmes, mais une seule. Les enfants de Léa s'inclineront pour rejoindre ceux de Rachel. C'est le peuple de Joseph qui sera sauvé ; Joseph, préfigure du Seigneur Jésus Christ, Messie d'Israël et des Païens qui auront le coeur de Rachel et de Joseph.

Dans l'Ancien Testament, quand un homme a plusieurs femmes, c'est le symbole de la patience de Dieu, qui attend que celles ci soient unis en Son Fils, pour ne plus en faire qu'une seule... Et Jacob aima Rachel ; il l'attendit SEPT ANNEES, qui furent à ses yeux comme quelques jours, parce qu'il l'aimait (Genèse 29,20).

De même Christ attend patiemment pour épouser son Elue ; Il attend qu'elle soit prête, tout le temps qu'il faudra, parce qu'Il l'aime.

La fiancée a t-elle compris cela ? L'aime t-elle du même amour, pour l'attendre elle aussi avec le même coeur brûlant ?

Veut-elle bien ne pas tenter de Le rejoindre dans sa chambre avant d'être son épouse ?(Occultisme et négation de la croix ; fornication et union "libre")

L'amour est patient ; ne cherche pas son intérêt et bannit la crainte. Voilà cette dimension qu'ont à retrouver ceux qui ont peur de se marier. C'est celle du Seigneur, qui attend avant de se marier, mais qui le fait le moment venu.

Le Fiancé n'évolue pas ; il n'en a pas besoin, Il est prêt depuis 2000 ans.

C'est la Fiancée qui doit s'apprêter ; c'est elle qui évoluera ; c'est Saraï qui deviendra Sara ; et c'est Léa qui deviendra comme Rachel.

Que le Seigneur Jésus, notre Messie qui vient, bénisse chacun de vous.

Voudrais tu retrouver tes rêves ?...
Car ils attendent leur accomplissement.

2 janvier 2009

Il était une fois en Israël, dans la nuit des temps, un jeune homme de 17 ans, qui rêvait...

Ses rêves étaient prophétiques ; c'est à dire qu'ils venaient de Dieu, et lui annonçaient ce qui allait se passer, le concernant.

Dans sa candeur, cet adolescent du nom de Joseph en fit part à son papa ; un homme illustre s'appelant Israël. Mais Israël ne pris pas au sérieux les rêves de son fils, et il le réprimanda.

Joseph partagea aussi ses rêves avec ses 10 frères ainés, qui déjà ne l'aimaient pas ; désormais ils le haïrent profondément, au point de projeter sa mort.

Que pouvait donc éprouver Joseph, réprouvé par toute sa famille, à cause de ses rêves ? Nous ne le savons ; nous ne pouvons que le supposer... Chez moi, comme chez vous peut-être, il y a une pièce qui sert de débarras ; j'y entasse tout ce qui ne sert pas ou plus ; tout ce qui ne me semble plus d'actualité, ou inutile dans la saison présente.

Marie avait reçu un fabuleux rêve, qu'un ange de Dieu lui avait apporté ; un rêve messianique, au centre duquel elle se trouvait ; ce rêve disait qu'elle avait été choisie pour porter et mettre au monde, le Sauveur d'Israël, et de tous les peuples de la terre. Ce rêve, le plus beau de tous les rêves, adressé à une femme, une Israëlite, fut partagé et confirmé par son noble fiancé, ainsi que par Zacharie et Elisabeth, des membres de sa famille, qui tous, connaissaient l'Esprit de Dieu.

Joseph, ce jeune homme du livre de la Genèse, et Marie, mère de Jésus le Messie, ont deux histoires qui se ressemblent. De Plus, tous deux ont su ne jamais renoncer à leur rêve, et attendre patiemment le temps de sa réalisation.

Pour Joseph, combien d'années d'attente ? Je ne sais...Dix ans peut-être, ou plus..? Pour Marie, nous le savons : trente ans. Trente ans pour voir son rêve, dans son total accomplissement : ce fils, son fils, Le Fils de Dieu, répandre partout en Israël, et à profusion, la Faveur Divine ; dans les coeurs et les corps, du peuple visité par le Fleuve de l'Amour du Père ; un fleuve nommé PARDON RECONCILIATION et SALUT.

Mais un "détail" différencie Joseph, le fils d'Israël, de Marie mère de Jésus.

Le premier partagea ses rêves avec sa famille, ses proches ; tandis que la seconde ne dit rien à personne... C'est le Seigneur Lui même qui se chargea de le faire.

Oui, les esprits des prophètes sont soumis aux prophètes (1 Co. 14,32) ; mais cela signifie t-il que l'un d'entre eux doit toujours en référer aux autres quant à ce qu'il a reçu ? Sûrement pas ! Car "les autres" ont certes l'Esprit de Dieu, mais aussi le leur... Israël connaissait son Dieu, l'Eternel, mais n'a pas reconnu le rêve de son fils, comme venant de Son Dieu ; ainsi, il est allé dans le sens de ses autres fils, les frères de Joseph, pour tuer le rêve de ce dernier.

Il est vrai que l'Eglise a si souvent tué les rêves de ses enfants, avec la bénédiction de ses chefs les plus illustres...Faites attention quand vous voulez partager un rêve avec quelqu'un...qui "semble" plein du Saint-Esprit. Il est aussi écrit d'éprouver les esprits pour savoir s'ils sont de Dieu (1 Jean 4,1).

Mais, mon frère, ma soeur, veux-tu aller visiter ton débarras aujourd'hui ? Veux-tu le faire avant ce soir ? Parmi tout ce que tu y retrouveras, y a t-il quelque chose d'autrefois dont tu n'as jamais pu te défaire ?...Parce que sans cesse, bien que tu l'avais rendu à Dieu, Lui même de Sa Voix douce et insistante, t'a souvent demandé de le reprendre. D'ailleurs, n'a t-Il pas placé sur ta route, des "fiancés", des parents apostoliques, à qui tu n'avais rien dit, mais qui t'ont tout dit...comme pour Marie ?...

Mon frère, ma soeur, en cette année nouvelle qui commence ; laisse l'Esprit du Seigneur te toucher dans tes entrailles , accueille Le, car il veut redonner vie à tes vieux rêves d'autrefois ; il est temps maintenant que tu te lèves pour les accomplir avec Lui.

A quoi dois-tu te repérer pour savoir que c'est Le Temps ? A tes vieilles attaches qui ont disparu, et qui t'empêchaient d'accomplir tes rêves. Joseph avait perdu tout ce(ceux) qui lui était cher(s). C'est ainsi qu'il s'est trouvé libre d'accomplir les rêves qu'il avait reçu, ce dépôt prophétique qui sommeille dans le coeur de tant d'enfants de Dieu.

Cette année, le Seigneur va conduire beaucoup de ses enfants à revisiter leur débarras. Il s'y trouve des trésors incalculables et endormis...dans "ces grottes de Qumran", que les Cananéens de vos vies(que vous regardez comme n'ayant pas votre profil), envoyés par Dieu, vous aideront à retrouver.

Amis lecteurs, reprenez votre espérance ; car ce que tu vois Dieu te le donne ; et ce que tu avais égaré, le Seigneur te le rend...maintenant que tu es libre.

L'ennemi est un voleur, mais le Seigneur est bon…, pour toi cette année.

Tu le déclares avec moi pour toi ?

L'adversité, sachons la gérer…avec équilibre.

28 janvier 2009

Chers lecteurs,

l'adversité, l'un des "plats" préférés que le diable aime soumettre aux chrétiens, est effectivement un défi face auquel ceux ci réagissent diversement, selon leur tempérament et l'enseignement qu'ils ont reçu. Il convient de préciser que ces deux domaines (tempérament et enseignement) s'influencent toujours mutuellement ; et que personnellement, je suis toujours sur mes gardes, quand c'est le tempérament qui agit sur l'enseignement ; et plutôt à l'aise quand il s'agit du contraire.

En effet, pour nous chrétiens, le tempérament est du domaine de l'humain ; tandis que l'enseignement est de celui du divin, à savoir : la Parole de Dieu.

Comment le tempérament agit-il sur l'enseignement ? Il a tendance à prendre en ce dernier ce qui lui convient, et ignore le reste, inconsciemment ou non.

Comment l'enseignement agit-il sur le tempérament ? Il lui suggère la soumission au Saint-Esprit pour accueillir la Parole de Dieu.

La première attitude, la plus répandue dans l'histoire et actuellement encore, nous a donné les religions, et les dénominations ; c'est à dire un certain "décor" planétaire devant lequel l'opinion publique, perplexe, se fait moqueuse et incrédule.

La seconde attitude gagnera du terrain dans les temps à venir, dans les rangs du peuple de Dieu, lassé des divisions et perceptions malsaines de sa Parole. L'Eglise Finitive se distinguera par sa culture consommée de cette seconde attitude que Son Chef oindra de Son Onction.

Mais quels sont les grands et pertinents exemples d'adversité que nous conte la Bible ? Justement dans un soucis d'équilibre, j'ai pensé à Moïse, Josué, Baraq/Déborah et Saül. Mais je citerai aussi David, Paul et l'Archange Michel. Et pourquoi ne parlerai-je pas de Jésus Lui même ? Peut-être simplement parce qu'à Lui tout seul, Il réunit tous ces hommes et femmes ; que sa vie est facilement trouvable dans les Evangiles, tandis que celles des autres personnages, le sont moins, car dans les profondeurs de la Bible.

-MOISE, face au pharaon, n'y était pas par choix, mais par envoi de Dieu. Prévenu par Dieu qu'il en serait ainsi, Moïse a dû se battre contre cet adversaire redoutable ; 7 fois, il lui a ordonné de "laisser aller son peuple" (Gen. 5,1-7,16-7,26-8,16-9,1-9,13-11,3). Accompagné de son frère Aaron, ils ont combattu le pharaon avec le baton d'autorité que leur avait donné l'Eternel (Gen.7,10). Ils n'ont fait plié ce pharaon qu'au bout d'un moment ; c'est leur obéissance à Dieu qui a rendu leur force supérieure à l'adversaire. Mais auparavant, Moïse jugeait son tempérament trop faible pour assumer une telle confrontation (Gen.3,11). Il a dû le soumettre à la Parole de Dieu ; Dieu lui a dit de taire toutes ses mauvaises excuses…

Il y a beaucoup de chrétiens comme Moïse était avant d'obéir ; sauf qu'eux trop souvent, n'obéissent jamais, et apprennent à interpréter sélectivement la Bible pour mieux s'en justifier. Résultat : le peuple n'est pas libéré, contrairement aux Israélites qui finalement le furent, grâce à la soumission de Moïse devant Dieu.

Prendre autorité face à l'ennemi, est un tâche que le disciple de Jésus doit assumer en Son Nom. Les pasteurs doivent être les premiers à le faire ! Est-ce le cas ?…

-JOSUE, fils spirituel et successeur du premier, eut l'occasion de s'y prendre autrement, dans la plus mémorable de ses batailles. Sur les indications du chef de l'Armée de l'Eternel (sans doute l'Archange Michel), il lui fut demander cette fois de ne pas aller dans une confrontation directe, mais de tourner autour de l'adversaire pendant 7 jours, jusqu'à son effondrement. Cela fut fait au moyen de clameurs, selon toutes les indications divines.

Certains disent que Josué a loué l'Eternel, avec tout le peuple, quand ils tournaient autour de Jéricho ; mais c'est faux. Une louange est un chant que l'on fait monter vers Dieu par amour de Lui, quand on est dans Sa présence, et qu'au passage on ignore le diable à juste titre. Une clameur est un cri agressif de foi, qui proclame la victoire de Dieu et de son peuple, et qu'on lance à la face du diable, depuis le camp de Dieu. C'est ce que Josué et Israël ont fait, devant les murs de Jéricho…qui sont tombés.

Rares sont les enfants de Dieu aujourd'hui, qui savent pousser ces clameurs, au moment où l'Esprit de Dieu leur dit de le faire ! Entre nous chers lecteurs, avouons ceci : pousser des clameurs convient bien à la culture des noirs, mais pas à celle des blancs… Tempérament, culture… quand vous nous tenez… et si on se laissait réformer en tout cela par le Saint-Esprit ?

-BARAQ (qui signifie pourtant "éclair"), eut peur de monter à la bataille, alors qu'il était chef de l'armée d'Israël. C'est une femme, Déborah (juge en Israël à cette époque) qui récolta les honneurs de la victoire (Juges 4,9).

Quand les hommes que Dieu a appelé, n'ont pas assez de foi pour tenir leur rang, ce sont souvent des femmes qui leurs montrent l'exemple. Nous manquons d'Hommes dans le peuple de Dieu ; je parle de gens qui tiennent leur place ; celle que Dieu leur a assigné. Heureusement en de tels cas, il y a souvent une femme qui se trouve là opportunément…!

-SAUL, roi d'Israël, lui, à l'inverse, tenait trop à la sienne. Il affronta courageusement l'adversaire, dans "la bataille de trop", ALORS QUE L'ONCTION LUI AVAIT ETE RETIRE par Dieu Lui même (1 Sam. 15,28) pour cause de désobéissance grave. Cet homme représente un puissant exemple de combattant courageux mais ayant négligé de se sanctifier avant d'aller à la bataille. De surcroît, il s'entêta à occuper une place qui n'était plus la sienne, face à l'adversaire. Il en mourut piteusement, entraînant son fils dans cette tragédie. C'est à David, que revenait cette place qu'il ne voulut pas laisser.

S'il y a des Baraq dans le peuple de Dieu, il y a aussi des Saül. Les uns n'occupent pas leur place face à l'adversaire ; les autres à l'inverse la tiennent trop longtemps, s'usent, et ne voient où ne veulent voir la relève que Dieu a pourvu, afin de leur éviter tout drame.

-DAVID, dans l'adversité et plus spécialement face à l'adversaire, s'est caractérisé par son respect de lui. Ainsi, il ne porta aucun jugement ni insulte contre lui. L'archange Michel en fit de même (Jude 1,9).

Aujourd'hui, dans l'Eglise du Seigneur, il n'est pas rare de trouver des gens qui se font un devoir et même un plaisir d'agresser satan. Il s'agit d'une déviation profonde et dangereuse en matière de combat spirituel ; qui n'autorise pas d'autres à en faire un prétexte pour déserter cet exercice, au demeurant parfaitement biblique et néotestamentaire (Eph.6,12).

-PAUL l'apôtre, à qui appartient ma dernière citation biblique à ce stade du texte, a lui même aussi géré l'adversité de plusieurs façons. Dans le chapitre 16 du livre des actes(v.18), lassé par le comportement d'une femme, il lui envoie "un missile spirituel" qui ressemble à un véritable braquage. Paul est un homme qui veille à être rempli de l'Esprit ; il peut donc satisfaire à cette activité de "braqueur"(non par plaisir mais par nécessité). Si les chrétiens et pasteurs voulaient bien être plus sérieux et consacrés à Dieu, ils pourraient en faire autant…avec réussite eux aussi. La nuit qui suivit ce fait d'arme, Paul était en prison avec Silas son ami. Ils louaient Dieu (il ne s'agit pas de clameur cette fois ci), et l'adversité s'en trouva pulvérisée ; il y eut beaucoup de prisonniers dont les chaînes tombèrent (Actes 16,25 et 26).

C'est entièrement vrai que la seule louange brise le joug de l'adversaire(Je m'écris : loué soit l'Eternel et je suis délivré de tous mes ennemis ! Ps. 18,4) ; mais c'est entièrement faux de penser qu'il suffit toujours d'agir ainsi, comme Paul et Silas dans leur prison, pour obtenir les mêmes résultats. Il est dangereux d'ignorer le combat spirituel et le diable ; la Bible, Jésus et Paul ne l'ignorent pas. Le diable apparaît dès le 3ème chapitre de la Genèse ; Jésus nous a dit, A TOUS, de chasser les démons, et

Paul a dit : "résistez lui !" Bien sûr, trop "s'occuper" de lui, c'est trop "d'honneur" lui faire ; et la gloire n'est qu'à Dieu seul. Mais les pasteurs en premier lieu, devraient posséder la science et la puissance de se dresser devant lui quand il asservit le peuple de Dieu. Certes, le Seigneur sait toutes choses ; tantôt Il nous demande d'agir d'une façon, et tantôt d'une autre…toutes bibliques. Si nous n'avons qu'un accueil sélectif de l'enseignement de la Parole, nous ne serons pas vraiment à la place où Dieu nous attend.

Paul a aussi donné un enseignement dans sa lettre aux Ephésiens (6, 10 à 18) concernant les armes spirituelles; que certains comprennent mal, car ils en ont entre autre, une approche "mathématique". On y trouve en effet 5 armes perçues comme défensives ; et la 6ème, seule offensive. D'où la conclusion qu'ils voudraient imposer : face à l'adversaire, nous sommes des gens dont le comportement doit être bien plus défensif, qu'offensif. Il s'agit là bien sûr d'un argument fortement démobilisateur face à l'ennemi, dans le domaine du combat spirituel, et qui l'arrange beaucoup. Disons que satan remercie chaudement tous ceux qui pensent ainsi…!

En réalité Paul parle d'une LUTTE (Eph. 6,12). Il dit que nous sommes en LUTTE. Celle ci n'est pas contre les personnes de chair, mais d'esprit. Contre toutes les puissances rebelles à Dieu. Cette lutte ne se fait-elle que par le moyen de la louange ? Nous avons vu que la bible répond non.

Les 5 premières armes sont : -une ceinture-une cuirasse-des chaussures-un bouclier-un casque. La 6ème est une épée.

Qu'est ce que cela signifie ?
Cela signifie que nous avons là une description d'un soldat, équipé POUR FAIRE LA GUERRE. Toutes les armes défensives de ce soldat ne lui servent pas à être passif, mais à le protéger afin qu'il reviennent vivant et victorieux de la bataille.

Certes le chrétien est d'abord un adorateur de Dieu (Jean 4,23 et 24), mais il est aussi un combattant, un soldat, qui est en campagne comme le dit Paul (2 Tim 2,3 à 4) ; ou un sportif (v.5). Les mots "combattre et combattant" reviennent souvent dans les écrits de Paul ; pourquoi ?…

Evidemment, il est indispensable de savoir et expérimenter que la bataille que nous menons appartient au Seigneur. Nous combattons certes, mais DANS LE REPOS DE LA FOI ; quoiqu'il en soit, nous serons vainqueurs (Ro.8,37).

La louange comme le combat spirituel sont des exercices que Dieu veut que nous accomplissions, mais jamais sans la foi en Lui. C'est la même chose pour la prière ; Jacques parle de la prière…DE LA FOI, qui sauvera le malade (Jacq.5,15). Certains prient avec la prière DE LA PEUR…Qu'ils se taisent, et laissent d'autres prier. S'ils prient néanmoins, que ce soit avec la prière de David : Psaume 51,12. Après un certain temps, ils pourront prier la prière de la foi, qui est d'une toute autre dimension que les lourds accents plaintifs entendus trop souvent dans nos églises.

L'adversité se gère dans la louange à Dieu, dans le cri du combat contre l'ennemi, dans la prière fervente, au milieu de la sainteté, et dans un bain de foi ainsi que de charité.

Vous ne pouvez rien enlever de tout cela sans risquer de mourir au combat, ce qui n'est pas la volonté de Dieu ; ou qu'Il vous reproche de vous planquer dans les lignes de l'arrière du front.

Mes amis, l'adversité, sachons la gérer…avec équilibre. Celui de la Parole de Dieu, et non celui de nos petites conceptions trop limitées.

Affectueusement à vous tous et sans prétention

Je connais un homme en Christ, qui, il y a 14 ans…

6 avril 2009

Chers lecteurs,

je connais un homme en Christ, qui, il y a peu de temps, un dimanche matin, arriva dans un endroit très spécial pour lui… En descendant de sa voiture, il entendit de magnifiques chants de louanges en l'honneur de Dieu et de Son Oint, le Christ Jésus ; il connaissait bien ces hymnes, car ils sont ceux du Saint-Esprit. Ces bruits divins venaient d'un grand hall, et remplissaient les extérieurs ; des cours qu'il avait tant arpenté dans le passé.

Un instant, quelques secondes, il regarda autour de lui pour écouter encore cette musique du ciel, qui dans ses oreilles, n'était sans doute comme dans aucune autre… ou presque ; car soudain, tant de souvenirs étaient ravivés, qu'il en avait les jambes tremblantes d'émotions.

Il entra dans ce grand hall dont il se souvenait si bien, comme du reste des lieux. Ces lieux, où il se rappelait de tant de manifestations religieuses, humanistes, mais ne connaissant pas la merveilleuse présence du Dieu vivant ; maintenant il avait devant lui des enfants de Dieu qui jouaient de leurs instruments, dans un esprit consacré ; et environ deux cents personnes avec eux, faisant monter une gerbe d'amour vers le Seigneur. Pendant plusieurs quarts d'heure, il regarda "ce spectacle" qui lui semblait encore si surréel ; le nom de Jésus explosait d'irradiation en ce lieu, et le Saint-Esprit passait dans les rangs…

Il connaissait cette Présence ; s'efforçant de la cultiver dans sa vie personnelle depuis plus de trente ans ; mais dans ce lieu, il ne l'avait jamais vécu dans de telles conditions !

Pendant des années, il avait marché dans ce lieu, surtout le soir, quand il était seul et qu'il y régnait un grand silence. Il avait si souvent prié en ce lieu, suppliant Dieu d'y planter son Nom. Il y chantait même, élevant le Nom de Jésus, et y proclamant sa seigneurerie. Son témoignage obligatoirement discret, était néanmoins parvenu à gagner d'autres coeurs qui s'étaient joints à lui pour pleurer et souffrir devant Dieu, afin qu'Il visite ce désert…

…Et voilà que quatorze ans après, devant les yeux des témoins de cette époque, Dieu exauçait leurs prières !

Chers lecteurs, aucun de vos combats de prière ne se trouvera vain !!

Sachez que la terre où vous priez est marquée de l'empreinte et du souvenir de vos prières ; la terre crie à Dieu, comme pour Lui dire : "Souviens toi Seigneur et envoie ta visitation, car ici tes enfants ont pleuré pour que ton fleuve y coule !"

Ne vous découragez pas même s'il vous faut patienter quatorze années pour voir cela ; le temps est à Dieu. Croyez et persévérez sans faiblir, car le Seigneur vient toujours.

Que ce témoignage vous apporte beaucoup de Sa paix dans votre coeur.

MUTATION POUR LE CIEL

18 mai 2009

Chers lecteurs,

sans cesse les Ecritures nous enseignent de ne pas juger dans le sens de condamner, et donc de lancer des malédictions ; car il s'agit là de sorcellerie. Mais il ne nous est pas défendu d'avoir des jugements, dans le sens d'opinions, et de prendre position pour les dire. C'est ainsi que Paul en eut une sur Pierre, et qu'il lui en fit part (Galates 2,11 à 14). C'est dans cet état d'esprit que je veux me situer dans tout ce qui va suivre, ne l'oubliez pas tout au long de ces lignes.

Dans 2 Corinthiens 3,16 à 18, Paul écrit que lorsqu'on se tourne vers le Seigneur le voile est enlevé. Or le Seigneur, c'est l'Esprit ; et là où est l'Esprit du Seigneur, là est la liberté. Nous tous qui le visage dévoilé, reflétons comme dans un miroir la gloire du Seigneur, nous sommes transformés en la même image, DE GLOIRE EN GLOIRE, comme par le Seigneur, l'Esprit. Quel beau passage des écrits de Paul ! Il a même inspiré un magnifique chant, dans les années 90, que nous chantons toujours dans nos assemblées. Mais au cours de mes réflexions alimentées par mon parcours dans les Eglises, j'en suis simplement venu à me demander si nous étions bien à ce point "le visage dévoilé"??

C'est impossible en effet de ne pas s'interroger à ce sujet, tant les chrétiens sont divisés ; marquant entre eux leurs différences à coup de protections dénominationnelles, et dénonçant ce que font les autres avec d'ailleurs tant de virulence, voire de mépris. Paul dit que ce voile ne disparait QU'EN CHRIST (2 Cor. 3,14).

Alors, si c'est bien le cas, comme je le crois ; pourquoi cet état de chose déplorable "sur le terrain" ? Pourquoi tant de grincements entre nous à propos de nos différences ?
Je tenterai une réponse par une autre question : est-ce bien vers le SEIGNEUR que l'on s'est tourné, où vers "le Seigneur" d'une église ?

Pour ma part, j'ai été autrefois spirituellement formaté par mon église évangélique ; elle m'a bien servi, pour connaître le Seigneur…jusqu'à un certain point. Elle me parlait bien de Lui, mais strictement à l'intérieur de son prisme ; c'est à dire de la révélation de Lui, qu'elle avait bien voulu accueillir chez elle. J'ai donc été conditionné par cette église, dans ma vue de Dieu, jusqu'à ce que j'en n'accepte plus les limites et que je les brise. Car je voulais continuer de Le connaître. J'ai ainsi poursuivi ma route ; brisant d'autres carcans, et m'efforçant de m'éloigner peu à peu de tous formatages religieux et charnels, qui sont bien les hauteurs de nos divisions.

J'ai voulu lire et comprendre les Ecritures, sans être soumis à une théologie d'où qu'elles viennent, ni aucun autre esprit que Celui du Seigneur. Il y a quelques temps, j'échangeais avec un Témoins de Jéhova ; sa façon d'utiliser les Ecritures ne m'a pas échappé : il prenait dans un sens littéral les versets qui arrangeaient bien sa foi ; mais d'autres, que je ne manquais pas de lui souligner, il les considérait comme des images, des symboles, qui eux donc ne devaient pas être pris littéralement.

Je me suis permis de lui faire remarquer qu'ainsi, on pouvait manipuler les Ecritures à notre guise et à l'infini. C'était là l'exemple d'une compréhension des textes, soumis à un conditionnement doctrinal. Cet homme a besoin d'en être libéré. Mais le problème plus subtil, c'est que ce besoin de délivrance n'est pas que l'apanage des Témoins de Jéhova ; chez les Evangéliques, on dit volontiers que les Catholiques ont besoin d'être délivrés des liens du Catholicisme…Mais j'ajouterai que ces Evangéliques ont autant besoin que les catholiques, d'être délivrés de leurs esprits religieux et confessionnels. Pas plus que les autres, ils n'entreront au ciel, avec tout ce bataclan, qui a fait d'eux, des enfants d'églises, plus que des enfants de Dieu (Comment en effet puis je penser autrement, quand il m'arrive d'observer ça et là que certains catholiques marchent mieux avec Dieu qu'un évangélique ?). Car quand on se tourne "vers Christ", n'est ce pas plutôt entre autre vers une doctrine d'église qu'on le fait ? Cela donnera de bons résultats si cette doctrine nous enseigne la Liberté joyeuse d'accès au Père, par son Fils Jésus Christ ; mais quand ce n'est pas ou plus le cas…?

Ainsi donc, quand on pense se tourner vers Christ, c'est souvent une doctrine bien imparfaite que l'on épouse. C'est pour cela que notre visage n'est pas vraiment dévoilé, car Paul dit que ce n'est qu'en Christ qu'il l'est. Cela explique aussi pourquoi l'Esprit est lié parmi nous, et qu'ainsi la liberté des croyants est si restreinte ; d'où leurs tristes mines. Quand le Saint-Esprit est ainsi sous contrôle, il en résulte un climat de raideur, que j'ai d'ailleurs toujours constaté, dans plus ou moins toutes les sphères évangéliques qui existent et que je connais fort bien.

Vous seriez tentés peut-être de me répondre qu'il y a foule de gens très sympatiques chez les évangéliques ; certes voilà qui est vrai ! Mais combien de fois ai je vu ces gentils visages changer de couleur et les échanges changer de ton, quand ils comprenaient que je n'étais pas exactement de la même coloration dénominationnelle qu'eux… Serait-ce qu'à leur idée, le Seigneur m'approuvait moins qu'eux ?…Il faut bien l'avouer, la tradition chez nous les évangéliques, c'est de "cogner" à coup de versets bibliques, sur celui avec lequel on est pas d'accord. Certes c'est très bien de se servir de la Parole de Dieu, pour tenter d'amener quelqu'un à la Vérité de Celle ci… c'est même carrément le top, si on le fait dans la soumission à l'Esprit qui vivifie… Cela évitera sans doute qu'on prenne la Bible pour tuer notre prochain. Car malheureusement, j'ai souvent vu la chose se faire, et je l'ai faite moi même. Pardon Seigneur !

Voyez vous chers lecteurs, Jésus dit que Jérusalem sera foulé aux pieds par les Nations, jusqu'à ce que le Temps de ces Nations soit accompli (Luc 21,24)…

Je crois qu'il y a aussi le Temps des Eglises, ces "Eglises/Nations", car elles sont établies comme des nations, même dans le monde évangélique, qui va également prendre fin. Car comme les nations, elles ont foulé aux pieds Jérusalem ; elles ont foulé aux pieds la ville de paix, celle du Grand Roi. Quand on foule aux pieds La Paix, c'est donc la Guerre qui prend place, et c'est ce qu'on a eu et qu'on a encore. Alors les Nations verront leur puissance prendre fin, et il en sera de même des Eglises. Il restera un peuple humble, qui se sera repenti de tous ces orgueils. Les Eglises vont MUTER, elles vont devenir l'Eglise. Il y a aujourd'hui des tas de fiancée qui se proposent d'épouser le Seigneur…qui n'en épousera qu'Une Seule.

Mais comment muter ??
Paul dit que quand les Juifs lisent l'Ancien Testament, un voile demeure sur eux (2 Co.3,14). Il ne disparait qu'en Christ, qui nous tranforme - Lui l'Esprit - de gloire en gloire.

Quand j'ai donné mon coeur à Jésus-Christ, j'avais 15 ans, et je fréquentais assidument une église évangélique baptiste. Ce fut pour moi comme une gloire que je recevais ; même chose pour mon épouse. Mais j'ai bien dit "une gloire"; et non toute la gloire. C'est à dire une révélation et non toute la révélation. Plus tard, voyant que cette église ne m'en donnerait pas plus, je suis allé chercher "la suite" ailleurs ; cette suite, les autres gloires, les autres onctions, les autres révélations que le Seigneur, l'Esprit voulait me donner. Seulement, dès lors que je prenais des distances avec mon église d'origine, ma quête ne se fit pas si facilement que j'aurai pu le supposer ; je me rendais compte que mon entendement spirituel était lié par toutes ces années de formatage doctrinal et écclésial que j'avais reçu. C'est alors que je compris que je devais prendre position au moyen du Nom de Jésus, pour briser ce carcan. L'ayant fait, je découvris vite que j'avais une autre "navigation", une autre intelligence dans ma méditation des Ecritures. Désormais je remarquais des passages qui me frappaient et m'enseignaient bien au delà des limites qui avaient été les miennes auparavant. Par exemple, on m'avait enseigné Marc 16,15 et 16 : Allez dans le monde entier…Celui qui croira et qui sera baptisé sera sauvé… Mais je n'avais jamais lu la suite : voici les signes qui accompagneront ceux qui auront cru en mon nom… Ils chasseront des démons…parleront de nouvelles langues…imposeront les mains aux malades, qui seront guéris. Dans nos salles de culte, je voyais souvent sur les murs en grand, les versets 15 et 16 ; mais jamais les versets 17, 18… Pourquoi ? Parce que ces cultes sont liés par leur doctrine.

Les Eglises vont muter, pour ne plus être liées que par le Seigneur, l'Esprit ; ou elles seront perdus.

Actes 20,23 : Paul va à Jérusalem, lié par l'Esprit. J'ai la même ambition. Cet épisode de la vie de Paul dégage une odeur prophétique ; ainsi que le lecteur prenne garde ! J'ajouterai que ceux qui veulent être entièrement dévoilés, devront aussi se défaire des liens de leurs identités patronymique, familiale, provinciale, nationale et même professionnelle. En effet, nous pouvons être liés par notre nom et même notre prénom, d'où souvent des handicaps, maladies et autre calamités dont nous ne guérissons pas ; au point de croire que Dieu a prévu de nous laisser ainsi… -Nous sommes très souvent et très gravement liés par notre entité familiale. Ainsi le Sang vient brouiller l'action du Saint-Esprit en nous ; par exemple une querelle qui implique un membre de notre famille, nous conduira souvent à prendre position pour lui, même s'il a grossièrement tort. Le Sang est un lien qui nous aveugle partiellement ou complètement concernant ceux de notre famille. Il pose un énorme problème dans les églises.

Une identité provinciale trop forte en nous, nous conduira à juger et haïr les provinciaux d'ailleurs. Je me suis trouvé au Mont Saint-Michel, dans les années passées, avec des Normands, et moi même en temps que Breton, pour nous demander pardon mutuellement de nous être disputer ce lieu, certes magnifique, mais que personne n'emmènera au ciel. Tandis qu'il serait fâcheux que Normands et Bretons n'y aillent pas…J'ai aussi noté que depuis ce temps là, les portes de la Normandie se sont ouvertes pour moi, et j'y ai actuellement plusieurs lieux de réunion.

Les Français sont très râleurs ; les Américains très dollar et les Anglaises trop peu habillées. Je souligne ces caricatures pour dire qu'il y a un esprit sur chaque nation, et que celui ci influence les églises et les chrétiens de ces différents peuples, qui ont besoin d'en être libéré. J'aime mon pays et mon peuple, mais j'ai brisé l'esprit français sur ma vie.

De même, certaines professions sont habitées d'un esprit fort et souvent orgueilleux ; c'est le cas de la profession enseignante par exemple ; mais aussi du monde médical, ainsi que journalistique. Il y en a d'autres comme le monde politique.

Si vous avez un doute sur l'esprit de votre monde professionnel quant à son impact sur vous, libérez vous de lui au nom de Jésus. Brisez tous ces jougs sur votre vie, fermement au nom de Jésus ! Finissez en avec ces puanteurs de péché !

Ainsi, chers lecteurs, vous avancerez de gloire en gloire ; de révélation en révélation ; vous verrez le Seigneur de plus en plus près ; vous refléterez sans cesse plus la gloire du Seigneur, qui est l'Esprit. Dans votre vie -c'est à dire votre âme, votre esprit, votre corps et votre parcours- Il sera de moins en moins en vol contrôlé, et de plus en plus en vol libre. Le Saint-Esprit en vol libre sur nos vies ; sur la France ; sur l'Eglise de France !!! La Parole de Dieu sans voile devant mes yeux, les vôtres, et ceux des Français !!! Ne faut-il pas rêver des exploits de Dieu pour nos contrées ??? Oui, il faut le faire !!

Peuple des Eglises, mute donc, et devient vraiment Celui de Dieu, afin que Son Parfum d'Amour sauveur se répande sur notre pays bien aimé et trouve le coeur de ce peuple.

Soyez ainsi tous bénis.

LES 7 ALLIANCES Et LE 8ème JOUR.

1 juillet 2009

Chers amis lecteurs,

Dieu ne raisonne jamais autrement qu'en terme d'alliance avec nous. La Bible qui contient l'Ancienne et la Nouvelle Alliance en témoigne.

–Avec Adam et Eve, Dieu passa une alliance de pureté et de responsabilité. Ils étaient nus et n'en avaient pas honte ; ils ne consommaient que des végétaux et ils étaient maîtres de la terre. Par ces signes, cette alliance était visible et "publique". Certes; il n'y avait que deux humains sur la terre, mais tous les animaux créés par Dieu le savaient et s'y conformaient.

–Avec Noé, Dieu passa aussi une alliance. Elle fut faite de deux signes eux aussi très visibles toujours actuellement : le sacrifice et la consommation des animaux vidés de leur sang, ainsi que l'arc dans la nuée. Dès lors qu'il y a eu péché, une alliance réparatrice sera une alliance de sang ; l'homme étant souillé, son sang est impur, ce qui le condamne à la mort. Il y a donc nécessité d'un sang pur répandu pour qu'il soit racheté de la mort.

–Avec Abraham également, Dieu passa une alliance. Elle aussi fut faite de trois signes visibles aux yeux de tous : rupture d'avec son pays, sa patrie et de sa souche familiale ; dépositaire de la bénédiction de Dieu sur la terre, et la circoncision. Ces trois signes demeurent plus que jamais aujourd'hui : ce ne sont pas les esprits nationaux ni familiaux qui font connaître Dieu le Père et son Fils Jésus-Christ, mais c'est le Saint-Esprit. Et la bénédiction qui a été déposée en Abraham est la vie par la foi, qui intéresse tous les croyants cherchant Dieu, par le chemin de la Croix. La circoncision reste pratiquée dans la chair de nos jours ; mais chez les chrétiens, elle doit se voir dans le coeur. La circoncision de la chair ne concerne que l'homme, car dans le rapport sexuel, la femme connait aussi cette "coupure"lors de la première fois. Il y a donc entre les deux, comme un mélange des sangs ; c'est une alliance, et toute alliance d'institution divine est irréversible, c'est pourquoi Dieu hait le divorce, car celui ci est le brisement de l'alliance. Ce divorce concerne autant notre alliance avec Dieu que celle avec notre conjoint(bien que vous ne pourrez vous opposer à ce dernier s'il veut la briser, mais alors, vous n'êtes pas responsable de son fait).

–Dieu confirma cette alliance avec Jacob, qui devint Israël. Dieu passa une alliance spécifique avec Israël pour que ce peuple soit témoin de Lui auprès de toutes les autres familles de la terre. Aujourd'hui, il est évident que les clés d'un monde nouveau se trouvent dans ce pays et ce peuple(qui dès l'origine a été victime de la jalousie des autres familles de la terre et l'est toujours) ; Jérusalem étant le centre de la terre(seule ville au monde revendiquée par les 3 grandes religions monothéistes comme lieu saint).

–Dieu établit ensuite une alliance avec Moïse, sur le Mont Horeb, cette Loi, dont le résumé fut écrit sur des tables de pierre, et publié à tout le peuple. L'une des pratiques essensielles de cette alliance fut le culte de l'autel dans un tabernacle (où temple portable et porté dans une arche sacrée). On y sacrifiait des animaux purs à l'Eternel pour le pardon des péchés. Le sang ainsi répandu écartait la malédiction et la mort… La Pâque. L'alliance par le sacrifice pour le pardon des péchés dure toujours ; il suffit de regarder une croix pour le savoir… Par ailleurs, la circoncision fut généralisée à tout le peuple d'Israël.

–Enfin, Dieu en fit une avec David, pour lui signifier que Son trône serait à jamais établi sur la maison d'Israël. Il y en a aussi un signe très visible actuellement et depuis 1948 : l'étoile de ce roi sur la bannière nationale de l'état d'Israël. Mais surtout, cette alliance avec David préfigure la Nouvelle Alliance, que Dieu établira avec les hommes de toutes nations, en son Fils Jésus, issu de la famille de David.

–Puis bien sûr, il y eut l'Alliance Nouvelle, caractérisée par le Sang du Fils de Dieu sacrifié, en lequel nous avons foi pour être purifié de nos péchés. Ce sacrifice fut le dernier, parce que parfait. Parfait, parce que l'Agneau sacrifié n'est plus animal, mais divin, dans l'incarnation humaine du Fils de Dieu. C'est le Sang du Juste qui est versé, et son efficacité est constante pour notre salut. Avec ce sacrifice sanglant, c'est la fin du sang versé ; sauf quand les hommes ne se courbent pas devant le Sang du Dernier Sacrifice, et continuent de se faire la guerre en versant le sang humain.

Le sang humain comme le sang animal ne seront plus versés quand le Messie règnera sur la terre pour 1000 ans(Esaïe 11, 1 à 10), depuis Jérusalem et la montagne de Sion ; règne de purification de cette terre

—Mais quelques traits se dégagent de toutes ces alliances : elles ne sont pas faites en catimini ; elles sont établies devant Dieu et les hommes. Les marques ou signes de ces alliances sont toujours visibles aujourd'hui. Dieu est étranger aux relations sans alliance, du type concubinage, c'est à dire non solennellement déclarée devant Lui et les hommes. Vous avez peut-être aussi remarqué qu'elles sont au nombre de sept…

La première fut une alliance de pureté et d'ordre paisible. Elle fut violée comme vous le savez. Mais comme Dieu mit sept jours à la créer, Il met aussi maintenant sept autres jours pour la rétablir. Ces autres alliances qui suivirent sont ces autres jours,… de purification et de remise en ordre ; elles furent toutes des alliances de sang, car il en est ainsi devant Dieu et satan : sans effusion de sang, il n'y a pas de pardon(Hébreux 9,22). Ainsi, il faut comprendre que si le péché rend le sang de l'homme impur et amène la mort ; le versement d'un Sang Pur sur l'homme impur, le ramènera à la vie ; car l'esprit de mort et l'Esprit de Vie, se tiennent et voyagent dans le sang de l'homme. C'est ce point précis qui renverse la démarche bouddhiste ; celle ci refusant le versement du sang, et de facto, ferme les portes du ciel à tous ceux qui suivent cette croyance. Car pas de salut en dehors de la Croix de Christ, ni en contournement de celle ci, comme tentent de le faire l'occultisme et la sorcellerie.

Le septième jour est arrivé par le Christ Jésus. C'est Celui du Shabbat, c'est à dire du Repos. Après la fin de l'alliance avec Adam et Eve, les autres alliances préparèrent et amenèrent l'Alliance Finitive, qui se nomme : Repos en Christ. Plus vous êtes dans ce Shabbat, plus vous êtes dans ce Septième Jour ; jour de pardon de guérison et de repos par l'Oeuvre d'une merveille inqualifiable qu'est le Salut en Jésus Christ.

Le Shabbat du Septième Jour a détruit le pouvoir de la culpabilité et de la peur, les deux mamelles de la mort et de satan. Il se nomme YESHOUA, et quiconque invoquera ce Nom comme étant celui du Seigneur sera sauvé(Romains 10,13).

Chers lecteurs, je vous en prie ; entrez dans Le Shabbat du Septième Jour !! Etes vous dans ce repos divin ?? Car enfin, ce Jour vous ouvre les portes du... Huitième Jour, dont le lieu est le Ciel, et qui est éternel. Je vous en supplie, croyez en cela, afin d'être sauvés. Voyez ce que Dieu votre Père a construit, au fil des alliances... "ces jours", pour vous parce qu'Il vous aime, et vous veut auprès de Lui, éternellement.

Je vous laisse réfléchir et entendre ce qu'Il vous dit... Il s'est écoulé une semaine depuis adam et Eve, et nous sommes parvenus au dernier jour de celle ci, à la dernière alliance ; celle de la fin, celle du Shabbat de Yavhé, dont le nom est Yeshoua, notre repos. La Septième Alliance est notre Jour de repos que la Croix nous a donné, en vue du Huitième Jour, celui de l'Eternité.

Que le Saint-Esprit éclaire la route de chacune et chacun !

Bien affectueusement pour vous.

Les propriétaires du Royaume et les fous.

17 juillet 2009

Chers lecteurs,

la fin des siècles est arrivée, et ainsi que le diraient les adeptes du foot-ball, nous sommes dans "les arrêts de jeu", ce temps supplémentaire qui est accordé par l'arbitre ; l'Arbitre.

Ce temps, très court comme quelques instants, va se caractériser par une foudroyante accélération des choses dans le Corps des croyants. Soudain, c'est un vent incontrôlable qui va passer sur les Eglises, et qui poussera des foules de brebis du Seigneur à en franchir les frontières, pour aller à la rencontre de leurs frères et soeurs confessionnnellement séparés…qui en feront autant.

Je ne rêve pas, je crois seulement que toutes les prières de Jésus sont tôt ou tard exaucées (Jean 11,42) ; or, Il a prié le Père pour que nous soyions un comme Lui et Le Père sont un (Jean 17,11). L'Eglise de la fin aura le visage de l'exaucement de la prière de Jésus. Déjà la chose est en herbe, et bientôt les blés seront mûrs. Actuellement, un nombre grandissant de croyants est en mutation par l'action du Saint-Esprit ; et sans avoir entre eux une confession de foi et une pratique semblables en tout point(c'était le cas à Jérusalem dans l'Eglise Primitive), ils connaissent ensemble la communion dans la présence de Dieu, parfumée, guérissante et annonciatrice du prochain retour de Jésus-Christ.

Comme il y a deux mille ans, les "Pharisiens" s'y opposent, et s'y opposeront, mettant en avant la doctrine, la tradition et les Ecritures (du moins leur interprétation de celles ci).

Comme il y a deux mille ans, le Seigneur les combat et les combattra ; "car la lettre tue, mais l'Esprit vivifie"(2 Co. 3,6).

Aujourd'hui déjà, il se dégage deux courants dans le peuple chrétien : celui de la théologie sèche et celui de l'Esprit qui apprend à verser Son Huile sur les Ecritures et les tabernacles vivants (chaque croyant voulant être habité et rempli de l'Esprit de Dieu).

Le courant premier nommé se réfère à l'Histoire, durant laquelle il a connu plusieurs âges d'or, avec ses grandes figures et ses martyrs héroïques. Tout cela était de Dieu, car Il a donné et redonné la Lettre. La Lettre, c'est Jésus-Christ ; car quand vous lisez la Bible, vous ne lisez pas un livre, mais la lettre d'amour que Dieu votre Père vous a adressé, à vous ses Enfants. D'ailleurs, c'est d'abord et essentiellement dans les pages de cette Lettre, que le croyant s'évertue à "lire et comprendre" le Seigneur son Dieu.

Le second courant est attaché aux mêmes éléments que le précédent mais de façon différente ; sa démarche n'est PAS STATIQUE(prétention que la Révélation a pris fin et que nous connaissons tout le Dépôt), MAIS DYNAMIQUE. Ce courant met la Lettre "en couple" avec l'Esprit de la Prophétie(Apoc. 19,10), qui recherche les esprits des prophètes(Apoc 22,6) pour travailler avec eux.

Dans les deux courants, peuvent se trouver des gens qui attendent de tout leur coeur le Retour de Jésus-Christ ; mais dans le second, on saura plus exactement entendre ce que Dieu dit à ses Eglises, pour qu'elles mutent en temps et en heure, afin de devenir cette Eglise qui seule, sera élevée dans les airs à sa rencontre.

-Le premier courant pense généralement que "son église"sera sauvée, car elle a une certaine tendance à se considérer comme dépositaire exclusive du message divin et de l'interprétation des Ecritures ; quant aux autres...

-Le second courant, à l'écoute de l'Esprit Prophétique, s'est mis à regarder par dessus les murs séculiers, pour voir ce qui se passe ailleurs...Equipé de lunettes prophétiques, il a découvert que Dieu n'était pas absent de cet ailleurs, contrairement à ce qu'on lui avait enseigné. Habité d'une sainte curiosité, il a franchi ces murs séculiers et écclésiaux, pour s'enquérir de plus près, de ce qu'en réalité, son Dieu à lui, fait aussi, dans cet ailleurs, comme chez lui.

En arrière ce second courant, le premier s'est mis à crier sur lui pour solennellement l'avertir... de ses dérapages, voire de sa folie...comme les Pharisiens, il y a deux mille ans, qui reprochaient à Jésus la sienne...prenant à témoin le comportement de ses disciples qui mangeaient quand tous les autres jeûnaient ; arrachant même des épis de blé dans les champs, le jour du shabbat, ce que la Tradition interdisait.

Le premier courant semble d'un sérieux irréprochable. Le second semble plutôt frappé de folie, comme dévoyé. Le premier courant ne boit que du vin vieux, tiré de tonneaux anciens, veillant à le faire dans toute la dignité et le cérémonial convenus. Le second courant, qui a bu et boit lui aussi ce vin vieux qu'il ne renie pas, croit néanmoins que Dieu qui est propriétaire de La Vigne, fait aussi du vin jeune, et le découvre en le buvant...comme un ivrogne !! Cela me fait soudain penser à un cher pasteur que j'ai bien connu et qui m'a marqué... Prêchant à notre culte du dimanche, et dans son emportement, il renversa la coupe de vin que nous devions boire, sur sa bible dont les pages furent inondées ! Tout le monde sourit un peu de façon contenue tout de même....La bible, pleine de vin ! Mais notre pasteur, dans le feu de son propos, ne prit pas le temps de s'arrêter pour éponger sa bible, et il continua de prêcher, dans la même intensité, avec sa bible trempée de vin... du Vin de la Croix ;

Celui de l'Esprit... serai-je tenté d'ajouter. Merveilleux !! La Parole, avec le Vin de Dieu, renservé sur ses pages !! Merveilleux !! Voilà ce second courant, celui de l'Eglise Finitive, issue de toutes les églises, et des églises de tout âge.

Les Pharisiens ont crié ; ils crieront encore ! Qu'importe, le Vin sera versé de plus en plus... sur la Parole.

Ce Vin est bu par ceux qui ont reçu le Pardon de leurs péchés, de surcroît dégustant la Joie intense qui en découle. Cette joie est elle même sans cesse multipliée par la poursuite de cette découverte de la Pensée prophétique de Dieu dans Sa Parole. Quant à l'Huile, elle guérit leurs coeurs du passé.

Cela ne fait-il pas sérieux ? C'était la même chose il y a deux mille ans. Cela est-il fort risqué ?! Jésus lui aussi a pris tous les risques, et a entrainé ses disciples dans nombre de choses "pas raisonnables". Suis je en train de vous prêcher la corruption et notamment une révolte anti-institutionnelle ? Non, je vous parle des oeuvres de l'Esprit de prophétie, et des esprits des prophètes. Le peuple de la fin ne sera pas constitué des églises séculières qui présenteront au Seigneur leurs listings de baptisés, mais de prophètes à l'esprit éduqué, formé pour entendre l'Esprit de la prophétie, et qui auront une relation avec La Parole, aidés par le Versement de l'Huile et du Vin sur Elle. Ils viendront de partout ; même de là où l'on aurait jamais pensé qu'ils viennent. Y a t-il un Cépage de Dieu qui soit propriétaire de Son Nom ??

Mangez La Parole ! Répandez Le Vin sur Elle ! Soyez prophète(il ne s'agit pas nécessairement du ministère mais de l'Onction prophétique, celle qui nous éduque à entendre ce que l'Esprit dit). Ainsi vivez avec l'Esprit de la Prophétie, et soyez heureux(ses), car le Nom du Seigneur, Celui du Christ Jésus, est écrit sur les linteaux de votre vie. La mort ne vous touchera pas ; elle ne le peut ; vous êtes réservés et esclaves consentants de La Vie.

Chers lecteurs, soyez sérieux ; car être ainsi, c'est boire ces paroles comme un ivrogne ; comme un fou. Car la Folie de Dieu est plus sage que la sagesse des hommes(1 Cor. 1,25). Mais ces fous le sont-ils ? Aux yeux des hommes sages, oui. J'ai été un homme sage(même si à cette époque il n'y avait pas grand monde parmi mes amis "hommes sages"pour trouver que j'étais l'un d'eux...). Puis peu à peu, j'ai désiré devenir fou...selon Dieu.

Etre fou selon les hommes et sage selon Dieu, c'est être comme Ruth, dans la bible, cette femme Moabite, qui suivit sa belle mère Naomi, pour retourner chez les Israëlites. Elle quitta son peuple et ses dieux (les religions sont souvent des peuples avec des dieux), et elle dit à Naomi : ton peuple sera mon peuple et ton Dieu sera mon Dieu ; où tu demeureras, je demeurerai ! (Ruth 1,16) Mais il a fallu du temps et des circonstances douloureuses quoique finalement favorables pour que Ruth en

arrive à ce choix ; c'est ainsi qu'elle devint veuve. Oui, c'est le veuvage et l'orphelinat qui poussent les Ruth à suivre des Naomi, pour devenir Israëlites. C'est UNE MIGRATION, c'est un voyage, que feront tous ceux qui jugeront qu'être "Israëlite", sera désormais bien plus important et vital, que d'être d'un autre peuple.
Ne soyez pas comme Rachel, qui pour suivre son mari, quitta aussi la maison et la patrie de son père... mais en emportant avec elle les dieux de son père (Gen. 31,19 et 30). Car elle fut stérile longtemps et mourut en couche en donnant naissance à son second enfant. Ruth au final, fut une femme et une mère bien plus comblée, qui épousa un homme riche et donna naissance au grand père du roi David ; le roi le plus célèbre de l'histoire d'Israël, dont le souvenir demeure intact aujourd'hui dans ce pays et ce peuple, et qui fut une préfigure du Messie de l'Eternel, le Christ Jésus.

Ruth, la Moabite devenue Israëlite, est l'image de toutes les brebis du Seigneur qui vont quitter leurs pays leurs peuples et leurs dieux, pour monter à Jérusalem, la Nouvelle, afin d'y trouver la Paix.

Cette Eglise de la fin est le parvis de la Ville de Dieu. En route les pélerins ! En route comme Abraham, votre père en la foi, qui lui le premier laissa son pays sa patrie et la maison de son père, pour aller vers une terre qu'il ne connaissait pas, seulement en obéissant...à la Parole de Dieu.

Ainsi que le Tout Puissant qui vous aime, vous bénisse !!

Etre en bonne santé, cela vous intéresse t-il ?

16 septembre 2009

Chers lecteurs,

ces temps derniers, j'ai conduit les obsèques d'une très chère soeur et amie dans le Seigneur, étant décédée des suites d'un cancer, dont il s'est avéré finalement qu'elle ne souhaitait pas guérir...

Dans son coeur, se trouvaient plusieurs raisons à cela. J'en citerai une seule : elle entrevoyait de plus en plus sa rencontre avec le Seigneur, ainsi que le Ciel... et la Vie Eternelle ! C'est à dire, sa finalité. Je pouvais comprendre cette soeur, dans sa vue des choses.

Une autre soeur m'a demandé pourquoi il n'y avait pas eu guérison ? J'ai répondu qu'il fallait que l'intéressée le veuille, car Jésus s'est toujours enquit de cela en premier lieu. Ainsi, il s'agit moins de se demander si Dieu veut guérir, mais plutôt si le malade veut guérir, et croit que Dieu veut le faire...et croit que Jésus a accompli sa guérison à Golgotha il y a 2000 ans.

Saisissez vous ??
Pour renforcer votre certitude que vous avez la guérison et la santé depuis la croix, prenez vos distances avec quelques enseignements que je qualifierai de honteux, et intoxiquant d'incrédulité rampante : Paul avait une écharde physique dans sa chair, du type de je ne sais quelle maladie et infirmité ? Certains l'affirment, mais celui ci précise que cette écharde était "un ange de satan pour le souffleter"(2 Co. 12,7). Le dictionnaire Vidal ne connait pas cette maladie...physique ; il n'y a que nos théologiens qui croient l'y voir semble t-il... Quel dommage et quel désastre, il faut l'avouer !

En fait donc, il faut comprendre qu'il était attaqué régulièrement dans ses pensées (son domaine charnel), et qu'il vivait cela comme des giffles qu'il recevait. On raconte aussi avec force, qu'il avait des problèmes de vue sérieux, l'empêchant même d'écrire. S'il est vrai qu'il dictait ses lettres à un tiers qui les rédigeait, il n'est clairement affirmé nul part qu'il avait un problème grave aux yeux. A ce propos, on ne peut que se livrer à des supputations qui emporte le lecteur au delà du texte biblique, ce que pour ma part je m'abstiens de faire !

Mais il y a aussi Trophime, que Paul laisse malade à Milet (2 Tim. 4,20)... Ainsi tous ne guérissent pas, même avec les mains de Paul ! Oui, et alors ? Cela veut-il dire que Jacques a eu un moment d'égarement quand il a dit que la prière de la foi sauvera le malade, tout en présentant la chose en lien avec le traitement des péchés de l'intéressé

? (Jacq. 5, 15 et 16)

Sur la base de ce que dit Jacques, je crois plutôt que la guérison appelle des conditions précises, soulignées dans les Ecritures, et ne dépend pas d'un bon vouloir de Dieu, qui dans sa grande souveraineté, guérira qui Il voudra et quand ça Lui plaira. Dans l'absolu, Il est bien Souverain, mais quant à la guérison, Il veut farouchement la donner à tous ceux qui la lui demandent, et le fera dans la mesure où le malade respecte les lois de la guérison divine.

En résumé, celles ci sont :
-croire fermement que Jésus a acquis cette guérison à la croix, et Le remercier, sans tenir premièrement compte des circonstances : les signes de la maladie. Ce qui n'empêche pas de recourir au médecin (ceci n'étant pas hypocrite).
-veiller à n'entretenir aucune racine d'amertume envers quiconque ; et régler ses affaires au plus vite dans ce domaine, devant le Seigneur d'abord puis devant le prochain ensuite.
-Briser toutes paroles de malédiction prononcées à votre encontre et sur vos ancêtres jusqu'à 4 générations avant vous, et qui seraient un droit à satan pour maintenir en vous un esprit de maladie et de mort.
-Changer son langage ; bannir l'expression "ma maladie"; vous n'êtes pas mariés avec elle, du moins il faut le souhaiter... Parler de sa santé.
-Changer la vision de soi même ; se voir guéri et en bonne santé, grâce à Dieu et Son Salut, le Christ Jésus.
-Briser aussi sur vous l'enseignement d'incrédulité pseudo biblique, qui a pu vous lier dans le passé, et qui constitue souvent une couverture ambiante mortelle et génératrice de maladies sur des régions entières.
-Demander pardon au Seigneur pour ces péchés que sont toutes paroles, toutes visions de soi malade ; toute crédulité envers tout enseignement faux auquel nous avons pu croire, au fil de notre histoire.
-Demeurer humble et pauvre en esprit, c'est à dire passionné et assoiffé de Dieu ; ainsi nous sommes un lit non pour la maladie, mais pour le fleuve de la guérison de Dieu. Si vous avez été tiède envers le Seigneur, repentez vous, et donnez Lui vraiment votre vie désormais ; consacrez vous à Lui d'un coeur qui perle d'amour à son intention. Ne vous inquiétez pas de savoir si vous pourrez Lui être fidèle ; dites Lui à haute voix : Seigneur Jésus, je remets ma personne et ma vie entre tes mains ; embrase mon coeur pour toi tous les jours !! Que vos oreilles entendent votre bouche, c'est important. Et Il vous entendra et vous répondra.
- Régler toute affaire relative à l'impureté, l'infidélité envers vos alliances, la cupidité avec les finances.
-Cesser la pratique de la colère, de la plainte, des critiques et de l'insatisfaction qui rongent terriblement le coeur et le corps de tous ceux qui s'y livrent. Plus rien de négatif envers personne, mais que des paroles de bénédiction, donc d'orientation positive, et donc de vie.

-Ne pas chercher à changer qui que ce soit par votre énergie ; cela vous crispe, vous affaiblit, et à terme ouvre la porte à la maladie ; laisser faire le Seigneur, Lui, Il est l'Energie qui ne s'épuise jamais.

Faites tout cela maintenant que vous êtes en bonne santé, afin de ne pas attirer la maladie, ou autre calamité. Pour certains de ces points, le faire une fois suffit. Pour d'autres, c'est une culture de vie dans laquelle il faut entrer, délaissant celle de la mort. Ne dites pas que vous n'y parviendrez pas ! Faites confiance à Dieu. Ne dites pas que vous n'avez pas la foi ; celle ci s'apprend, comme de conduire une voiture : au bout d'une vingtaine de leçons, c'est bon ! Peut-être cinq de plus pour certains ; ce sera bon aussi !

Nous avons tous su très bien apprendre de mauvaises choses ; ne saurions nous pas tous apprendre très bien les bonnes ?? Il n'y a que le diable pour tenter de nous faire avaler cela ! Jetez le dehors de votre existence ! Il y a des chrétiens qui se servent de leur bible pour tirer sur leurs frères…et soeurs. Vous, prenez là pour renverser le pouvoir du diable, et le réduire en miette, sur vous, en vous et autour de vous. Nous avons été délivrés de la puissance des ténèbres (la maladie est un de ses fruits pourris), et transportés dans le royaume de Son Fils bien aimé (Col. 1,13) ; envoyez fermement cela à la face du diable(tout en restant respectueux envers lui-Jude 1,9-), et ne bougez pas de cette position… Ne soyez pas comme la météo de ma chère Bretagne !…

Si, bien que vous ayez pratiqué sérieusement toutes ces recommandations et que vous ne constatez aucun changement de votre santé dans la longueur du temps, priez le Seigneur, pour Lui demander ce qui bloquerait la guérison. A partir de là, prenez au sérieux toute pensée qui vous viendrait, car il pourrait s'agir d'une réponse de Dieu. Un ami, un anonyme qui vient vous voir, et qui vous parle ; écoutez le, qu'il soit chrétien ou pas, car Dieu peut vous parler par lui. Une parole d'un calendrier chrétien peut le faire aussi. Des quantités de multiples circonstances, peuvent être des signes par lesquels Dieu vous parle. Soyez doux de coeur, prêts à tout entendre et à avancer sur des points où vous vous trouveriez bloqués plus ou moins inconsciemment jusqu'à présent.

"Allongez" vos oreilles !
Autrefois, on se moquait des oreilles de l'âne, mais c'est monté sur cet animal que Jésus a fait son entrée à Jérusalem, la ville de Paix…
Sans doute, je n'ai abordé ce sujet que très succinctement , mais je fais confiance au Seigneur que tout lecteur y trouvera tout de même"son compte", d'une manière ou d'une autre.

Recevez toute mon affection en Christ Jésus, Celui qui nous sauve, c'est à dire qui nous guérit, coeur et corps, parfaitement….dans la mesure où on le laisse faire.

Une dernière chose : vous êtes adorateurs de Dieu, Il l'a voulu. Vous l'adorez en toutes circonstances ; Il le veut aussi, car c'est un style de vie indissociable de la guérison et la santé. Alors, allez y, et sans aucune modération !!!

Ainsi votre joie en Dieu pulvérisera toute agression du malin contre vous, et réjouira le Coeur du Seigneur. Amen !!! .

Ah, les sous, c'est un sujet sérieux !!

30 septembre 2009

Eh oui chers lecteurs !...

Bien qu'il peut vous apparaître que Jésus Lui même, traitait la question de l'argent avec distance et décontraction. Car en effet, parmi ses disciples, c'est Judas qui tenait la bourse commune et il y volait ce qu'on y mettait (Jean 12,6), Jésus ne l'ignorant pas, mais le laissant faire. Par ailleurs, quand le Seigneur arrive à Capernaüm (Matt. 17,24 à 27), il se fait attendre pour payer l'impôt annuel pour le temple (instituée sous Moïse), estimant qu'en temps que fils, il devrait en être exempté ; mais finalement afin de ne choquer personne, il envoie Simon-Pierre...à la pêche, pour trouver dans la bouche du premier poisson pêché de quoi honorer cette taxe. La pièce de monnaie que Pierre découvre effectivement dans ce poisson, permettra à Jésus de payer le double de ce qui lui était demandé. Je trouve cela presque amusant. Un peu plus tard, quelques uns de ses adversaires pensent lui tendre un piège en Lui demandant s'il faut payer l'impôt à César (Matt. 22, 17 à 21) ; car en cas d'affirmative, ils l'auraient traité de "collabo". Mais devant une pièce d'un denier frappée à l'effigie de César, Jésus leur dit : "rendez donc à César ce qui est à César, et à Dieu ce qui est à Dieu"... Ce qui pouvait vouloir dire : il y a les choses d'en bas, et Celles d'En Haut. Acquittez vous des deux, sans les confondre, ni les mélanger. De surcroit, au lieu de m'interroger sur celles d'en bas, réfléchissez plutôt à celles d'En Haut. Enfin, et justement à propos d'éviter toute confusion, entre César et Dieu, il se montrera catégorique cette fois ci, en déclarant qu'on ne peut pas servir Dieu et Mamon (Matt. 6,24). César, c'est le Pouvoir du fort sur le faible. Mamon, c'est le Pouvoir du riche sur le pauvre. Mamon est la Puissance de César. Mamon intronise César, qui ne peut rien faire sans Lui. Depuis la chute d'Eden, César et Mamon sont les principaux dieux qui gouvernent et souillent la terre, ainsi que tous ses habitants. Mais il y a deux mille ans, le Dieu du ciel est descendu sur cette terre, en le Christ Jésus ; sa vie et son oeuvre parmi nous ONT SONNE LE GLAS de ce règne démoniaque... Les dieux d'en bas le savent, que leur temps est compté. Celles, ceux qui croient en Jésus viennent à Lui pour se laver et se libérer de cette souillure dans laquelle ils sont nés malgré eux et ont pu participer de près ou de loin ; car personne ne peut sérieusement affirmer qu'il n'a jamais servi César et Mamon ; ce n'est pas là de la culpabilisation, mais un prudent réalisme. David disait : qui peut connaître ses égarements ? Pardonne-moi ceux que j'ignore. (Ps. 19, 13 -version Second 1887).

Alors chers lecteurs, voilà où je désire en venir : Hors de l'Eglise, il y a des foules de gens qui doivent ainsi venir à Jésus pour être lavés et délivrés de César et Mamon ; mais dans l'Eglise, c'est également le cas. L'Eglise de Jésus-Christ s'étant elle même rendue adultère avec ces dieux d'en bas. Elle n'a pas fait comme son Seigneur, qui est resté distant face à tout ce qui représentait l'essence de ces entités. L'Eglise s'est couchée dans le même lit que César et Mamon ; au lieu de demeurer la fiancée du Seigneur, elle est devenue la maîtresse de ces deux amants, que le Malin avait envoyé au devant d'Elle.

Mais Dieu est Amour et Patient ; ce n'est pas se détruire que de regarder ses fautes en face, puisque l'on peut aussi et immédiatement lever nos yeux vers la croix et le sang du Juste, qui nous pardonne sans autre condition, de tous nos péchés, conscients…. et même inconscients.

Parlons franchement chers lecteurs : quand nous évoquons cette Eglise adultère, nombre d'entres nous, pensent tout de suite à l'église catholique et romaine. Mais César et Mamon se sont malheureusement aussi infiltrés dans toutes les autres. J'ai vu tant de choses, et j'ai tant de souvenirs !…. Je crains d'avoir moi même tant de responsabilités à ce sujet devant le Seigneur. A l'exemple du prophète Daniel, je me mets à genoux et j'implore grâce au Seigneur pour toutes les fois où mon coeur s'est fermé devant le pauvre qui criait, sans lui avoir donné le verre d'eau froide qu'il me demandait ; ces fois dont je me souviens…et les autres que j'ignore. Mais je reste à genoux en ayant devant mes yeux l'image de pasteurs et autres, qui crient à la dîme et aux offrandes, secouant les masses chrétiennes pour qu'elles aient la foi et délient les cordons de leur bourse ; parce que eux ont une trouille inavouable de ne pas avoir assez de fric en poche pour satisfaire à leurs besoins et ambitions ; pour eux mêmes et les chères visions que "leur" Très Haut(le Dieu qu'ils se représentent) leur a bien sûr confié, quand ils étaient à jeûner durant quarante jours, avec toute la garniture de confirmations données par dessus… Chers lecteurs, prenez donc garde à ceux qui vous disent avec force que Dieu les a appelé, et qu'en conséquence vous devez "leur donner les moyens de répondre à cet appel". Des foules de ministères, authentiques ou faux, bêlent de cette façon ; demandant aux fidèles de pourvoir, alors qu'ils ont la promesse que Dieu le fera Lui même pour eux. (Phil. 4,19). Ne vous laissez donc prendre en otage par personne, et n'abusez de personne ! (1 Thess. 4 ,6 : que personne, en affaire, n'use de fraude ou de cupidité envers son frère ; le Seigneur fait justice de tout cela).

A propos de la dîme elle même, c'est à dire de ce qu'on en entend : ces 10% des revenus que chacun "doit"donner au Seigneur, il faut avouer que c'est donc là un regrettable fond de commerce, entretenu par de nombreux milieux chrétiens, s'aidant pour cela d'un choix subtil de portions des Ecritures, qu'ils leur arrivent de surinterpréter à dessein. Je crains qu'il s'agisse là, de la Doctrine de Balaam (la cupidité qui corromp). Cette doctrine s'accouple toujours avec celle des Nicolaïtes (le contrôle des âmes). Nous retrouvons ainsi César, le contrôleur ; et Mamon, le percepteur d'impôt.

Il y a une double dispute dans les rangs chrétiens à propos de cette dîme : la première concerne l'esprit dans lequel on la donne ; et la seconde touche à sa légitimité néotestamentaire.

Pour la première, on brandit volontiers la menace de malédiction ou pour le moins de pauvreté à l'adresse de ceux qui ne la donnent pas. Beaucoup ayant peur…de Dieu et/ou du pasteur, la donnent. Ces gens sont abusés par un faux dieu et un vrai Nicolaïte. Ils sont liés par la peur ; on leur a voilé le Dieu de la grâce, et volé l'essentiel du message de la Nouvelle Alliance. A l'inverse, celui qui donne sa dîme parce qu'il aime Dieu et veut ainsi le Lui manifester, est digne d'approbation, car aligné sur l'Esprit de cette Nouvelle Alliance. Il donne par amour et non par peur. J'ai vu des chrétiens donner leur dîme et se trouver effectivement bénis ; et j'en ai vu d'autres qui la donnaient aussi, mais s'appauvrissaient. C'est sans doute que les uns donnaient par amour et sans contrainte, tandis que les autres donnaient par peur de Dieu…et du pasteur.

Pour la seconde, il est vrai que les défenseurs de la dîme s'appuient surtout sur des références de l'Ancien Testament, c'est à dire sur le contenu de la Loi de Moïse. La citation qui revient le plus souvent est l'incontournable Malachie 3,10 : "apportez à la maison du trésor toute la dîme, afin qu'il y ait des provisions dans ma Maison…"la suite du verset étant une promesse de bénédiction pour ceux qui obéissent. En réalité, si l'on veut se référer ainsi à la Loi de Moïse, les choses sont plus compliquées parce qu'il y avait plusieurs dîmes : Il y avait une dîme que le peuple donnait aux Lévites. Ces gens n'avaient aucun gagne pain, car ils avaient en charge les choses matérielles du temple ; on peut dire qu'ils étaient comme des diacres. Une autre dîme était celle que ces Lévites donnaient aux sacrificateurs qu'ils assistaient. Une troisième dîme consistait à ce que tout Israélite devait épargner pour avoir de quoi monter chaque année à Jérusalem, pour adorer l'Eternel par l'offrande de sacrifices, en vue du pardon des péchés. Une quatrième dîme était pour les pauvres, les veuves et les orphelins. Si l'on veut suivre Malachie 3,10 dans l'esprit qui prévalait quand ce prophète a ainsi parlé, il va falloir que certains (pas peu nombreux) se réforment dans leur méthodes de fonctionnement…

Mais dans le Nouveau Testament, nous trouvons au total trois mentions de la dîme (Matt. 23,23 ou Luc 11,42 ; Luc 18,12 ; Hébr. 7,2) : deux au compte de Jésus et une dans le livre aux Hébreux. Dans aucun de ces passages, nous ne trouvons un ordre systématique de payer la dîme, pas même réellement voilé. Pourtant, sur tout autre point, le Nouveau testament apporte un message clair, massif, direct et sans ambiguïté possible. Il y a donc singulièrement, un décalage géant entre la présentation que certains font de la dîme en terme de volume d'importance, et ce qu'en dit le Nouveau Testament.

Si les gens de la Nouvelle Alliance doivent pratiquer ce qui se trouve mentionné dans l'Ancien Testament, alors ceci doit être confirmé dans le Nouveau Testament au moyen d'un style direct.

C'est là UNE REGLE ABSOLUE.

Mais au lieu de cela, le mot dîme n'est jamais mentionné par Paul(qui parle pourtant d'argent et de dons -2 Co. 8 et 9), ni par Jacques le frère du Seigneur, ni par Pierre, ni par Jean, ni par Jude. En outre, lors du premier concile de l'Eglise à Jérusalem, il y avait justement divergence entre deux tendances : l'une qui voulait contraindre les nouveaux convertis à pratiquer la loi de Moïse, et l'autre qui refusait qu'on leur impose cela. Cette dernière obtint gain de cause, à l'exception de quatre points : pas de consommation de viandes sacrifiées aux idoles ; pas de sang et donc pas de consommation d'animaux étouffés, ni d'inconduite. Les apôtres qualifièrent d'indispensable le respect de ces points, précisant que le Saint-Esprit et eux mêmes n'imposaient à personne aucune autre charge(Actes 15, 28 et 29). Si la dîme avait toujours été elle aussi, valide et "indispensable" à ce moment là, les apôtres n'auraient-ils pas profité de l'occasion pour le dire ?? Mais peut-être qu'à cette époque, l'argent, les sous, ne tenaient pas la même place dans l'Eglise que maintenant… Et voilà comment nous interprétons la bible, en fonction de nos intérêts et des circonstances. A ce jeu, nous ne sommes pas gênés pour assoir un éléphant sur un verre à pied. L'éléphant, vous l'avez compris, étant le message aujourd'hui donné sur la dîme ; et le verre à pied, c'est celui qu'en donne le Nouveau Testament sur le même sujet. Mais si nos coeurs sont libérés de César et de Mamon, je pense que nous allons nous améliorer quant à notre interprétation des Ecritures, sur de nombreux sujets à caractère sensible.

En matière d'argent, le Nouveau Testament nous apporte un nouveau concept : celui de l'offrande. C'est un don d'argent, offert, comme un sacrifice heureux, joyeux, dans un esprit d'amour passionné pour Dieu, le Seigneur ; et le pauvre à qui il est destiné. Un sacrifice, parce qu'il arrive que l'on "se saigne"pour le faire ; mais heureux, parce qu'il est fait dans une vision qui nous impacte bien plus que le fait de lâcher de notre nécessaire.

Assis vis à vis du tronc, Jésus regardait comment la foule y mettait de l'argent. Plusieurs riches mettaient beaucoup. Il vint aussi une pauvre veuve, et elle y mit deux petites pièces faisant un quart de sou. Alors Jésus appela ses disciples et leur dit : en vérité, je vous le dis, cette pauvre veuve a mis plus qu'aucun de ceux qui ont mis dans le tronc ; tous ont mis de leur superflu, mais elle a mis de son nécessaire, tout ce qu'elle possédait, tout ce qu'elle avait pour vivre. (Marc 12, 41 à 44) Voilà l'exemple ! C'est une femme qui nous le donne ; une femme pauvre.

Chers amis, vous n'êtes pas des gosses, mais des adultes. Allez voir le Seigneur "dans votre chambre" et demandez Lui ce que vous devez faire de votre argent pour Lui plaire. Si vous avez dans votre coeur de Lui donner 10% ou même plus de vos revenus, c'est une décision qui vous appartient devant Lui. Personne d'autre ne doit y mettre "son nez". Seulement donnez avec votre coeur, avec joie et par passion pour Lui ; tenez vous en à ce que vous avez décidé avec Lui. Ne soyez pas instable sur le sujet. N'oubliez pas ! La veuve a donné parce qu'elle aimait.

Sur le plan prophétique, j'ajouterai que pour les temps qui viennent, le Seigneur a bien l'intention de purifier son Eglise de toute collusion avec César et Mamon, ou si vous préférez : des Nicolaïtes et de Balaam (Apoc. 2,12 à 16 -la lettre à l'Eglise de Pergame, nom qui signifie "élévation, citadelle"…). Ainsi, je ne serai pas surpris que les pouvoirs politiques s'attaquent aux églises et en particulier à leurs biens immobiliers ; ceux ci ayant pris plus d'importance que Dieu Lui même, dans le coeur de nombreux croyants ; ces églises se légitimant par la taille des bâtiments et leur remplissage ("regardez, Dieu a béni !"). Ces églises seront donc dépouillées, leurs leaders et fidèles poussées vers la repentance et une humilité retrouvée. L'Eglise Finitive ne sera plus statutaire ni visible. Mais, cachée dans les sillons de la terre elle l'ensemencera pour une merveilleuse moisson finale, qui cette fois ci, échappera à tout contrôle, sauf bien sûr à celui du Saint-Esprit ! Amen !!

Dans le domaine des finances, on reviendra à plus de justice : car puisqu'on ne pensera plus aux bâtiments, on pensera de nouveau aux pauvres ; je parle des vrais, et non des profiteurs en tout genre.

Autrefois parmi les Israëlites, avant leur établissement en terre Promise et la construction du Temple "en dur", le peuple voyageait avec un temple portable : le tabernacle. Le Seigneur va ramener son Eglise dans une saison "tabernacle". L'Eglise ne sera pas fixée, mais bougeante, dans une situation humainement précaire, mais spirituellement prolifique. Car la précarité va obliger à la foi et à la purification des coeurs. Ceux qui resteront dans leurs temples en dur, risqueront fort de le faire au prix de graves compromis. Mais à l'issue de cette "saison tabernacle", qui verra le Christ-Jésus apparaître dans la nuée pour venir chercher sa Fiancée purifiée, il y aura à nouveau le retour du Temple en dur, et plus dur que jamais ; car il sera comme autrefois à Jérusalem, où toutes les familles des peuples se rendront, pour adorer le Dieu d'Israël et de la Terre, désormais incontesté. Le monde vivra alors un âge et un ordre nouveaux. Dieu sera son Centre ; peut-être que l'argent sera toujours là, mais les mains, les coeurs et les poches de chacun seront purifiés.

Chers amis lecteurs, réjouissons nous de ces choses et tendons vers elles, afin de plaire au Seigneur Jésus, qui est l'Esprit de Dieu parmi nous, nous avertissant par la douce clarté de sa Lumière.

Que la Fidélité, la Sagesse et la Paix conduisent nos coeurs au port désiré et à la ville habitable.

Affectueusement en Lui, pour vous.

Pour une juste saisie de la Parole de Dieu.

12 octobre 2009

Chers amis lecteurs,

vous êtes ou pas des familiers de la Parole de Dieu, mais un constat a pu se faire à vos yeux : il y a une seule Bible, et beaucoup d'interprétations divergentes, sur des points essentiels, comme sur d'autres paraissant plus secondaires. Et d'ajouter : pourquoi cela ? Ou encore : pourquoi Dieu le permet-il ?

1 Samuel 3 : le jeune Samuel était dans le Temple, aux cotés du sacrificateur Eli, et quand l'Eternel l'appela, l'enfant courut promptement auprès d'Eli, pensant que c'était lui qui l'appelait. Ce dernier lui répondant par la négative, finit néanmoins par comprendre que c'était l'Eternel qui appelait l'enfant. Il lui donna des indications pour qu'à la prochaine parole du Seigneur, il ne fasse pas de confusion. Car au verset 7, le texte dit que "Samuel ne connaissait pas encore l'Eternel, et la Parole de l'Eternel ne lui avait pas encore été révélée".

Nous avons là, l'exemple de quelqu'un de sincère, d'honnête, mais aussi d'ignorant. Au verset 19, il est déjà parvenu à une autre étape ; il est dit de lui "qu'il grandissait, et ne laissait tomber à terre aucune des paroles de l'Eternel". Le verset suivant nous raconte que tout Israël ne tarda pas à reconnaître Samuel comme le prophète, la voix de l'Eternel, pour ce peuple.

Nombres 22 : Balaam était lui un prophète aguerrit, habitué à la Parole de Dieu, mais aussi à d'autres voix comme celle d'un salaire injuste ; ainsi, il recevait de façon déformée le message de Dieu.

Actes 10, 11 à 17 : Pierre l'Apôtre, reçoit une vision de Dieu, qui contient un message ; mais il ne la comprend pas tout de suite et s'y oppose quelques temps… parce qu'il est voilé par sa culture religieuse, qui se tient entre lui et la Parole du Seigneur.

Genèse 12,1 : L'Eternel dit à Abram : Va-t'en de ton pays, de ta patrie et de la maison de ton père… vers le pays que je te montrerai. C'était la première fois semble t-il que Dieu parlait à Abram. Il lui demandait de se débarrasser des éléments de sa vie présente pour Le suivre et être dans Son Plan ; en quelque sorte, pour toujours L'entendre et Le comprendre.

Samuel fut un temps pénalisé par l'inexpérience de sa jeunesse ; Balaam l'était par l'argent et les honneurs ; Pierre par sa religion ; Abram par sa patrie et le sang de la famille. Tous durent donc muter pour devenir capable de comprendre Dieu et Sa Parole.

La question qui peut se poser aujourd'hui et depuis longtemps : combien parmi ceux "qui entendent le Seigneur", se sont-ils montrés capables de grandir comme Samuel, de se laisser arrêter à temps par "leur ânesse" comme Balaam, de céder comme Pierre et de quitter "leur tapisserie" vieille de 75 années comme Abraham ?

Je peux poser la question autrement : qui sait écouter le Seigneur et recevoir Sa Parole sans autre habit que celui du Saint-Esprit ??.... Quand Paul dit que nous sommes des ambassadeurs pour Christ (2 Co. 5,20), un Américain va interpréter cette parole comme un encouragement et un but à atteindre, d'être riche au point d'avoir un train de vie d'ambassadeur. Un Français va s'offusquer que cet Américain comprenne ainsi cette parole, et en aura une tout autre saisie...au point que les Américains disent qu'il y a un esprit "de pauvreté" sur la France.

De même, un catholique va comprendre d'une façon et un protestant d'une autre, certaines portions des Ecritures ; parce que chacun à la pensée configurée par sa doctrine, et n'entant pas y renoncer, ainsi afin d'éviter le risque de s'apercevoir qu'il a pu se tromper durant si longtemps. A l'intérieur de la maison évangélique, le constat est le même entre pentecôtistes et baptistes ; entre charismatiques et non charismatiques. De plus, il y a le phénomène du "lecteur fainéant"; c'est vrai que nous sommes à une époque où l'on ne lit plus beaucoup, préférant au mieux le faire en picorant.... De même, on apprécie un ouvrage le plus court possible, sur un sujet important, qui va nous permettre de nous faire une opinion ; et qui va surtout nous dispenser d'aller nous même à la source ; et tant pis si nous ne connaissons jamais quelle est l'analyse exacte de cette eau que nous buvons. C'est tellement plus rapide quand quelqu'un d'autre cherche à notre place !... Mais nous serons tout de même esclaves de ses conclusions.

Moïse FIT LE TOUR du buisson ardent, mais le temps (qui est de l'argent...) presse, et pour beaucoup d'entre nous, une petite visite pourra "raisonnablement" suffire. Ainsi, si je trouve une parole dans la Bible, je la reçois en toute "simplicité". Je ne prends pas la précaution éventuelle de la placer dans le contexte dans lequel elle a pu être dite ; où j'évite de lire d'autres paroles de cette même Bible qui semblerait m'inviter à revoir quelque peu ma compréhension de ce que j'ai lu en premier.

Par exemple, je reviens sur 2 Co. 5,20 : Paul dit que nous sommes des ambassadeurs pour Christ.... Ah chouette ! On va pouvoir être "plein aux as"... d'après ce que disent les Américains ! MAIS le même Paul écrit aussi qu'il est ambassadeur... DANS LES CHAINES pour le mystère de l'Evangile(Eph. 6,20). Ambassadeur et en tôle pour sa foi ; c'est aussi dans la Bible. Là, ce n'est plus le fric, les grosses berlines et les costumes blancs ; c'est le mépris, où justement comme la Bible le dit : "l'opprobre de Christ"...en temps qu'ambassadeur.

Ainsi, cette fois ci qu'en pensent les Américains ? Et les Français ?…

…Croyons nous que l'esprit de notre nation va toujours favoriser notre compréhension de Dieu ? Et celui de notre église dans laquelle nous avons passé tant de temps !? Et celui de notre maison de famille ?…."Mon papa me disait que…"….Oui, c'est peut-être juste ; c'est même peut-être faux !…

Abram quitta tous les paramètres de sa vie, pour suivre Dieu et l'entendre vraiment ; il accepta de se trouver NU. C'est malheureusement ce qu'on ne fait pas le plus souvent. Mais vous chers lecteurs, voulez vous vous dévêtir, pour laisser le SEUL Saint-Esprit vous habiller du Vêtement de la Vérité ?
Oui, vous le voulez, farouchement ?!?
Vous voulez quitter vos richesses pourries…votre lecture, votre saisie codifiées de la Parole de Dieu ?
Voulez vous cesser de la lire comme un pentecôtiste, un catholique, un baptiste, un intellectuel, un fainéant, un Américain, un Français, un orgueilleux qui sait tout(c'est à dire un riche) ?
Voulez vous écouter le Seigneur et capter sa Parole comme un enfant de Lui, sans passé et sans identité ?

Moi, je veux cela pour ma vie !!! Je le veux de toutes mes forces. Je prie, et devant le Seigneur je Lui dis : mon papa et ma maman m'ont appris que…. mais toi Seigneur, qu'est ce que tu dis ? La Bible dit qu'il est écrit… mais que dit-elle encore par ailleurs ? Comment donc je la lis ?… Par le trou d'une souris ? Ou si vous préférez : croyez qu'il soit très sérieux d'ébaucher des théories étouffantes à partir de trois mots de la Bible, esseulés au milieu du reste qui en l'occurence et sur le même sujet, ne retient pas notre attention ?

Chers amis lecteurs, si vous voulez lire la Bible avec les lunettes du Saint-Esprit, vous faites vraiment bien. Dans ce cas priez et demandez les avec ardeur au Seigneur. Si vous demandez, vous recevrez. Plus vous demanderez avec persévérance, plus vous recevrez massivement des yeux performants. Ayez soin au préalable de vous défaire de vos lunettes anciennes, comme Abram fut invité à le faire.

L'Eglise finitive connaitra ce dénuement, pour revêtir l'Onction des lunettes nouvelles, qui dès maintenant permet à tous les pauvres en esprit d'avoir les yeux bien plus ouverts que ceux "des sages et des intelligents". Devenez donc ces enfants de Philadelphie, l'Eglise finitive.

Affecteusement pour vous

Nous n'avons pas à lutter contre la chair et le sang…

12 janvier 2010

Chers lecteurs,

que ces lignes vous apportent une beaucoup plus grande révélation de Dieu !

Jésus dit à ses interlocuteurs : "vous êtes dans l'erreur parce que vous ne comprenez ni les Ecritures ni la puissance de Dieu"(Matt. 22,29).

Notez qu'il y a connaître et comprendre les Ecritures. Les gens avec qui Jésus parlait sur l'instant, connaissaient les Ecritures, mais Il leur fait remarquer qu'ils ne les comprenaient pas. Le domaine intellectuel est une dimension que Dieu a donné à l'humain ; mais le domaine spirituel en est une autre qu'Il Lui a aussi donné. Personne ne peut sérieusement aborder la Bible et son message ainsi que la question et encore plus la personne de Dieu, sans un minimum d'intelligence cérébrale et spirituelle. Notre mère nous a donné la naissance physique et donc cérébrale, mais le Saint-Esprit veut nous donner naissance Lui aussi, afin que nous ne soyons pas seulement humainement engendré mais divinement aussi. Quel soulagement, quand nous savons que Jésus-Christ est notre Sauveur, et que Dieu Son Père, est aussi Le Notre ! Quel bonheur, quand nous avons réalisé que ce Sauveur devait habiter en nous, sans quoi nous serions perdus, sans défense face au Prédateur de nos vies qui ne travaille qu'à notre perte, sachant que la sienne est déjà consommée depuis 2000 ans. Quelle merveilleuse décision que d'avoir accueilli Le Sauveur dans notre coeur, pour qu'Il y règne en Seigneur. Tous ceux qui l'ont fait sont sauvés ; tous les autres sont perdus !

Au travail vous les sauvés, car il y a tous les perdus (souvent inconscients) qui vous attendent, et qui souffrent !!! Mais quand vous allez vers eux pour leur annoncer la Bonne Nouvelle du Salut en Jésus-Christ, vous fâchez le diable, Le Prédateur, assoiffé du sang et des âmes des humains. Vous allez le trouver sur votre chemin, vous qui avez rencontré le Seigneur ; vous allez maintenant connaître satan. Il est même possible que vous l'ayez connu avant le Seigneur. Car satan sait très bien se cacher ; se camoufler. La philosophie est pour lui une bonne planque ; ainsi que l'humanisme. Il sait aussi se dissimuler dans la politique, le travail, les loisirs, les sports, la culture, les cultures, les arts martiaux, l'occultisme et même les religions (Jésus dit à des religieux de son époque qu'ils avaient pour père le diable-Jean 8,44). J'ajouterai qu'il se trouve aussi dans la famille, l'enseignement scolaire et la santé ; ainsi que dans bien d'autres domaines que je n'ai pas mentionné. David, ce jeune berger en Israël gardait paisiblement le troupeau de son père. Mais cela n'allait pas sans affronter "l'ours et le lion". Il lui est même arrivé de se trouver en face de Goliath ; à priori, il ne faisait pas le poids ; mais armé de sa gibecière (sa vie avec

Dieu par l'Esprit-Saint) et des cailloux qu'il avait mis dedans (les vérités de la Parole de Dieu qu'il connaissait et en lesquelles il croyait) ; armé de sa fronde (la puissance du Saint-Esprit), il lança une seule pierre(il envoya une parole de Dieu), qui frappa Goliath en plein front(la pensée de l'adversaire détruite), qui s'écroula mort !

Les Enfants de Dieu sont des David, qui doivent affronter l'ours, le lion (les démons) et Goliath(des démons encore plus haut dans leur hiérarchie) ; quand ces David croient en l'Esprit et La Parole, aucun démon ne leur résiste bien longtemps. Plus ils ont cette foi en Dieu, plus satan le voit et plus il tremble et se tient à distance.

Un ultime "détail"concernant David : avant d'être un combattant, il était un chantre qui savait adorer l'Eternel son Dieu, et jouer de son instrument de musique en Son Honneur. Que Dieu fasse de chacun de vous qui me lisez un David !!

J'avais 20 ans en 1976, et j'étais en Guyane avec l'armée, quand j'ai fait "une rencontre"avec satan. Je marchais avec Dieu depuis 5 ans. C'est donc dans un camp militaire près de Cayenne, que j'ai fait la connaissance de J-P, jeune militaire comme moi. Il était à l'infirmerie pour cause de troubles psychiques. Ce malaise avait commencé à Maripassoula, un village dans la jungle, la première nuit après avoir écouté le message d'un évangéliste de passage. En clair, ce garçon eut de furieuses réactions démoniaques lors de cette nuit, qui ne se calmèrent pas du tout dans la suite. Il fut donc ramené sur Cayenne par l'armée. Rapidement, j'exposais le problème à un couple de missionnaires qui dirigeait une église de 200 personnes à Cayenne. J'étais très ami avec ce couple ; ils étaient mes parents spirituels à ce moment là. J-P était gravement habité de multiples démons. Pendant deux mois, dans la maison missionnaire, nous avons combattu pour lui, avec son approbation, pour chasser tous ces démons. Je ne connaissais pas ce monde de la possession démoniaque d'un homme…Quelle expérience nous avons alors tous fait ! Je les ai vu les démons ; entendu parler, menacer, supplier, négocier, séduire, mentir ; je les ai vu rager, pleurer, tenter de nous attendrir sur leur sort ; se jeter sur nous et fuir ; tenter de tuer J-P aussi. J'ai vu J-P sous leur domination, ne plus se contrôler, mais demeurer pourtant toujours conscient ; j'ai vu J-P déchirer les pages de sa bible personnelle, puis les"racommoder"à coup de ruban adhésif, quand il était revenu dans son bon sens. J'ai vu ce que c'était que de prier avec autorité face aux démons ; combien cela les panique ; j'ai vu l'efficacité du parler en langues que nous donne le Saint-Esprit dès lors que nous Lui avons ouvert notre esprit. J'ai vu que la prière en langues est encore beaucoup plus puissante que la prière dans notre langue maternelle ; les démons étaient fous d'entendre cela ! Ils étaient beaucoup plus vite épuisés et sortaient dans un déchaînement de violence et de panique. La plupart du temps, nous étions quatre "sur"J-P. Nous savions qu'il était tourmenté parce qu'il avait des crises régulières de transe. A table avec nous au repas, il était d'apparence normal, mais nous avouait ensuite, qu'il se décorporait et nous observait depuis le plafond de la pièce où nous étions. Il faisait cela sans le vouloir. Il nous avait expliqué ce qu'il avait fait dans son adolescence, notamment avec de la musique (mais je ne donnerai pas plus de détails afin de ne favoriser la chute de personne), pour en arriver à une telle emprise.

En plein accord avec J-P, qui de toutes ses forces voulait la délivrance, nous nous assemblions comme pour une petite réunion de prières. Tous ceux de l'église qui voulaient nous aider se rassemblaient aussi dans une autre grande salle. Nous nous courbions pour prier où sur nos bibles pour en faire lecture, et très vite J-P se sentait mal et partait en transe. Alors, nous le saisissions délicatement mais fermement, pour le coucher sur un matelas qui à cet effet, attendait derrière les chaises. Car les démons tentaient toujours de le projeter sur le sol ou dans les murs ; dans les fenêtres à travers les vitres. Quelquefois sur nous. Alors son visage se déformait gravement, et les démons apparaissaient sur ses traits, nous crachant dessus, nous insultant, nous menaçant. Je prenais personnellement conscience de notre adversaire et de sa fureur. J'étais si jeune ; je me demandais pourquoi le Seigneur m'avait choisi pour être l'un de ces quatre qui étaient là. Je me sentais indigne de ce combat ; je demandais pardon au Seigneur d'avoir été si léger avec Lui jusqu'ici dans ma vie. Je réalisais que je ne pouvais pas continuer d'être tiède avec Dieu, sinon je ne pourrai pas faire le poids devant un tel ennemi. Je sentais combien il était urgent que je change de niveau de vie avec Dieu. Durant tout le temps de cette bataille, je priais beaucoup, cherchais Dieu avec plus d'ardeur ; je savais que c'était vitale ; je réalisais que Jésus avait subi cette indescriptible fureur de satan sur la croix, pour que je sois sauvé, et protégé. Cela me touchait ; je comprenais tellement mieux le prix qui avait été payé par le Seigneur pour moi et tant d'autres...Je comprenais autrement combien Dieu m'aimait pour avoir abandonné son Fils entre de telles griffes, afin que je sois sauvé. Quand on réalise tout cela, on défaille devant Dieu, Son Salut et Son Amour. On n'a plus de mots, on se tait, on est vidé de soi ; nos yeux se sont ouverts ; toute notre personne est comme une feuille qui frissonne dans le Vent de Sa Présence. C'est quelque chose de si grand... Je cherche des mots pour vous les dire, sans réellement les trouver...

Quand nous étions penchés sur J-P, et que les démons se manifestaient, nous leurs commandions de nous dire leur nom ; l'un après l'autre. C'est ainsi qu'au fil du temps, Mensonge, Meurtre, Jalousie, Fureur, Suicide, Dissimulation, Orgie, Séduction, Colère, Amertume, Tentation, Maladie, Impudicité et d'autres encore, sortirent un à un, et tous en se nommant, ou bien, nous en les nommant ; car dès qu'ils étaient nommés, démasqués, ils ne pouvaient plus être cachés, et se trouvaient dès lors sans force, incapables de nous résister.

C'est ainsi que nous avions identifier 18 démons et 3 esprits de mort. Qu'est ce qu'un esprit de mort ? Est-ce l'esprit d'un mort ? Non, mais des esprits qui provoquent la mort avec grande efficacité, et qui l'ont fait chez des parents, cherchant ensuite à récidiver chez leurs enfants. La chose est favorisée par le très dangereux culte aux morts qui est pratiqué aux quatre coins de la planète ; culte dans lequel on appelle les ancêtres, mais ce sont les démons étant autrefois avec ces ancêtres qui se présentent et qui bernent tout le monde. Il s'ensuit un esclavage à ces esprits de mort qui peut expliquer toute la misère sévissant dans ces sphères qui pratiquent ces choses. Elles ont cours, malheureusement aussi dans la culture chrétienne. L'invocation des morts est une folie, qui témoigne d'un rapport inexistant avec Dieu. Car dès lors qu'on Le connait vraiment, Il nous apparaît comme bien suffisant, et nous n'éprouvons pas alors le désir de nous tourner vers des morts, à propos desquels Jésus nous a dit : "laissez les !"(Matt. 8,22).

Dans le cas de Jean-Philippe, il y eut un moment, où une petite voix se fit entendre, qui disait : Marie, Marie, Marie... On demanda qui était Marie ? Au bout d'un moment la réponse vint ; c'était sa grand mère. Nous tentions de "chasser grand mère", mais ça ne bougeait pas, car "grand mère" n'était pas une mamie, car plutôt un esprit qui avait fait mourir cette grand mère, et avait donc habiter en elle longtemps, au point d'avoir pris son identité.

Ces choses se répètent à coup de milliards de fois sur cette terre. Le diable trompe ainsi les humains avec la plus extrême facilité, et le concours des religions qui professent ou ne s'opposent pas à elles. Mais quand on comprend les Ecritures, ça change tout. Nous connaissons alors aussi la Puissance de Dieu ; nous ne sommes plus dans l'erreur, et les "vacances" sont ainsi terminées pour satan !!

Chers lecteurs, le diable ne veut pas que vous lisiez la Bible, et encore moins dans un esprit de prière en direction de Dieu. Qu'allez vous faire ?...

Nous chassions tous les démons de J-P, au nom de Jésus-Christ. Ce nom faisait horreur à ces entités. Nous avons su que J-P était complètement délivré quand il a pu prier et louer Dieu sans entrave, pendant longtemps, sans que plus aucun malaise ne se manifesta de nouveau.

A chaque fois qu'un esprit méchant était identifié, J-P demandait pardon au Seigneur de l'avoir laisser entrer. Et il sortait ; J-P lui même, quand il en avait la force, lui ordonnait de sortir, de concert avec nous.

Les démons sont des êtres dévorés par la Peur. Ils craignent sans cesse d'être découverts. Ils se cachent constamment, sachant que s'ils sont découverts, c'est fini pour eux. Ils ne peuvent réellement vivre d'eux mêmes ; ils cherchent l'énergie des humains, qui est d'origine divine. Ils étaient autrefois chargés de cette puissance divine, qu'ils ont perdu de par leur rebellion. Coupés de celle ci, ils se sont "rabattus" sur les humains, créatures divines, pour survivre, et se venger de Dieu dans leur fureur. Les humains s'étant eux mêmes rebellés contre Dieu, ont eux aussi perdu cette puissance, mais toutefois pas dans la même mesure que les anges déchus. Les humains sont restés sauvables, contrairement aux anges déchus qui n'ont plus aucun espoir. Pourquoi ? Parce que les anges déchus ont connu la Gloire céleste de Dieu, tandis que les humains n'ont connu que la gloire terrestre de Dieu. Leur faute est moins grande, pouvons nous dire ; et leur séparation d'avec Dieu ne fut donc pas définitive, ni absolument entière ; même avant le Salut de Jésus-Christ, nous voyons dans les Ecritures que beaucoup d'hommes et de femmes purent jouir de la faveur de Dieu. Juifs et non Juifs. Aujourd'hui, et depuis 2000 ans, le Salut de Jésus nous tend les bras pour nous permettre de retrouver le Père et la Paix du Ciel, dans notre identité d'Enfant de Dieu. Les démons tentent par tous les moyens de nous en barrer le passage. Ils veulent nous perdre pour ne pas être ainsi les seuls dans leur état, et s'acharnent donc à nous pomper ce qui nous reste d'énergie afin de nous abrutir pour mieux nous vaincre, et eux dans l'instant pour survivre.

Chers lecteurs, devant ces enjeux, vous êtes responsables de votre vie présente et de votre éternité. Qu'allez vous faire ?

Il m'est arrivé dans les années qui ont suivi d'être à nouveau confronté aux démons ; mais j'avais grandi dans le Saint-Esprit, et les batailles ne duraient plus deux mois, mais un quart d'heure ; cinq minutes… J'ai appris à utiliser les dons du Saint-Esprit ; je parle en langues depuis longtemps, et en général, je n'attends pas de me trouver en face des démons pour pratiquer la glossolalie, car je le fais tous les jours pour me fortifier. Nombreux sont ceux qui ont besoin d'être au contact de quelqu'un pour être renouvelé ; mais vous qui aimez le Seigneur, apprenez à être tous les jours dans l'Esprit de Dieu, et parlez ses mots. Ainsi vous rechargez "vos batteries" ! L'ennemi n'approche pas trop dans ce cas. Si ainsi, vous approchez de quelqu'un pour le délivrer du diable, laissez moi vous dire…que ça fait des vagues !!
J'ai appris aussi à écouter le Saint-Esprit en de telles circonstances et à connaître l'âme humaine ainsi que les ruses du diable. Il m'arrive de former d'autres personnes dans la connaissance de Dieu et l'art du combat pour sa gloire. C'est une grâce qui m'est donnée de Lui. Il m'arrive aussi des échecs, mais c'est pour rester dans l'humilité ; alors merci Seigneur !!

Chers lecteurs, dans le livre de l'apocalypse au chapitre 5, Jésus y est appelé le Lion de Juda et l'Agneau de Dieu ; le lion est un guerrier et l'agneau suit son berger avec obéissance et sentiment de protection. L'agneau aime son maître. Vous êtes destinés à ce même profil à double facette, que celui de Jésus, envers le Père céleste. Recevez ces choses, elles seront une bénédiction éternelle pour vous. Qu'il en soit ainsi pour vous tous !!

Affectueusement en Lui, pour vous..

Quand vous verrez ces choses arriver… sachez que le royaume de Dieu est proche !

14 janvier 2010

Chers lecteurs,

que la paix de Jésus-Christ soit sur vous !

Je suis comme vous certainement, je vois à la tv et sur le web, les terribles images du tremblement de terre que le peuple haïtien a subi et mon coeur pleure devant ces choses…qui néanmoins pour ma part, ne me surprennent guère. Ceci premièrement parce que le Seigneur les a annoncé comme signes avant coureurs de son Retour, et ensuite parce que certains peuples sont sous l'étreinte d'une très forte malédiction spirituelle, dont ils sont en partie responsables.

Sur ce dernier point, n'est-ce pas très choquant d'écrire de telles choses ? Mais à cette question je répondrais par une autre : quand cesserons nous de penser comme des hommes qui ne connaissent pas Dieu, et penserons nous enfin comme Lui ? AINSI LA FACE DE LA TERRE S'EN TROUVERAIT CHANGEE.

A propos de ce qu'en dit la bible, c'est je crois le chapitre 21 de l'Evangile de Luc qui est le plus exhaustif. Voulez vous le lire ? Jésus y énumère de nombreux signes, qui eurent cours durant toute l'histoire de la terre et de l'humanité ; sauf qu'il est clairement établi que le 20e siècle les a plus connu à lui seul, que par l'addition des 19 précédents. A méditer je pense… Et ce que cela m'inspire, est que ces convulsions terrestres sont la résultante visible d'une autre convulsion, invisible celle là, qui est celle des forces du mal, en panique, vu le temps très court qu'il leur reste à sévir sur la terre. Plus elles sentent la proximité du Retour de Jésus le Messie, plus elles sont folles d'angoisse et de rage. Ces forces du mal sont au centre de la terre, ce qui provoque un regain d'activité sysmique ; ainsi quand le diable suffoque, les murs de la terre en tremblent.
Notez chers lecteurs que l'Evangile nous rapporte qu'à la mort de Jésus, il y eut un tremblement de terre, de même que lors de sa résurrection(Matt. 27,51 et 28,2).

Autrement dit, à chaque fois que le Ciel agit, le royaume de satan réagit et la terre en connait les soubresauts ; ceci pour deux raisons : parce que le diable et ses cohortes s'y trouvent ; nous ressentons donc leurs "vibrations"; et parce que le Seigneur veut nous avertir de l'heure à laquelle nous sommes, à la pendule dont Il pousse les aiguilles. Mais à propos, ne pourrait-Il va veiller à nous signifier Son Heure de façon plus douce ? Si assurément, mais alors, qui L'entendrait ?? Car le coeur des hommes est si dur et si orgueilleux !!

Chers lecteurs, les scientifiques savent parfaitement nous expliquer les mouvements de la terre et des plaques tectoniques entre elles ; ils connaissent très bien les zones à risque, et les Caraïbes en sont une. Mais ce qu'ils ne savent pas dire, c'est que "la création toute entière soupire et souffre les douleurs de l'enfantement"(Rom. 8,22) ; et les tremblements de terre sont très en lien avec cet enfantement ; de même aussi, la flore terrestre souffre ainsi que la faune ; Dieu n'a jamais voulu que les forêts brûlent, pas même naturellement, pas plus que les animaux ne se dévorent entre eux pour vivre, ni qu'il y ait des dominants et des dominés parmi eux(Esaie 11, 6 à 9). Il ne l'a voulu ni parmi eux ni parmi les humains. Mais le Péché et la domination de la terre livrée à satan par Adam a tout bouleversé ; d'où la nécessité incontournable d'un sauveur que le Père nous envoya en la personne de Son Fils : Yeshoua A Mashïah, Jésus Le Christ, Le Oint de Dieu-Yaveh. Il vient pour sauver nos âmes, guérir nos vies et purifier la terre. il n'y a pas d'autre sauveur que Lui, ni d'autre biologiste d'ailleurs !...

Quant au malheur particulièrement prononcé de certains, je soulignerai ceci : "ces 18, sur qui la tour de Siloé est tombée et qu'elle a tués, pensez vous qu'ils aient été plus coupables que tous les autres habitants de Jérusalem ? Non vous dis-je, mais si vous ne vous repentez pas, vous périrez tous pareillement"(Luc 13, 4 et 5). Jésus dit cela pour que l'opinion publique ne juge personne, mais plutôt pour que chacun se juge lui même.

Mais l'Eternel, par la bouche de Moïse, avertit aussi Israël son peuple : "Lorsque tu seras entré dans le pays que l'Eternel ton Dieu te donne, tu n'apprendras pas à imiter les pratiques horribles de ces nations là. Qu'on ne trouve chez toi personne qui fasse passer son fils ou sa fille par le feu , personne qui se livre à la divination, qui tire des présages et qui est recours à des techniques occultes ou à la sorcellerie , qui jette des sorts, personne qui consulte ceux qui évoquent des esprits ou prédisent l'avenir, personne qui interroge les morts. En effet, quiconque se livre à ces pratiques est en horreur à l'Eternel ; et c'est à cause de ces choses que l'Eternel va déposséder ces nations devant toi(Deutéronome 18, 9 à 12).

Tous les peuples et les nations pèchent plus ou moins lourdement devant Dieu, mais tous n'ont pas les mêmes fondements. Les pères fondateurs de certains pays, les baptisèrent dans le Dieu de la bible. Malgré les égarements qu'ils connaissèrent ensuite, cet acte est une bénédiction qui demeure d'âge en âge dans le ciel et la terre de ces peuples et nations ; elle empêche le diable et toutes ses forces maléfiques de les toucher trop gravement. Mais quand d'autres nations en naissant, comme la république d'Haïti en 1804, se placent sous des souverainetés démoniaques qu'elles honorent ensuite "à très haute dose", elles ne peuvent ensuite espérer la bénédiction de Dieu ; car satan a un droit réel de s'y opposer. Le culte vaudou en Haïti est effectivement une pratique très néfaste pour ce peuple ; ce culte consiste bien à chercher Dieu, mais non en passant par le Christ et son Sang, et plutôt radicalement par des esprits très méchants, de sorcellerie, de divination et d'ancêtres, c'est à dire de mort. L'Afrique d'où vient le culte vaudou à l'origine, a le même problème. En Chine, on chasse les mauvais esprits…avec des dragons…! Moi, je le fais au Nom de Jésus-Christ, et ce n'est pas une affaire de culture. Ceux qui se servent de cet argument pour brouiller les pistes ne diront pas le mot de la fin. Celui qui le dira se nomme "l'Omega" ; Il aura autour de Lui tous ceux qui auront cru en son Nom.

Il y a deux siècles, Dieu a voulu libérer le peuple haïtien du joug français, mais non pour qu'il se voue à la domination spirituellement démoniaque qu'il a délibérément choisi ensuite. Pour en sortir, ce peuple doit se conscientiser et briser au nom de Jésus ce joug terrible ; ses chefs, et ceux de l'Eglise du Seigneur doivent le faire, en commençant par demander pardon à Dieu pour l'occultisme et la sorcellerie qui ont prévalu à très haute dose dans le pays(d'ailleurs chaque chrétien responsable devrait aussi faire cela au moins pour les lieux où il vit). C'est là, le chemin de la libération et de la guérison de ce peuple et de cette nation.

Une question : pourquoi la République Dominicaine n'eut pas le moindre dégât, suite à ce séisme, alors qu'elle est géographiquement si proche ? Ou encore : pourquoi sur cette île d'Ispagnola, se trouvent deux peuples, deux pays, avec une fortune si différente ?

Et ce discours que je développe dans ces lignes ; est-il présentable sur les plans humain, philosophique, politique ? N'est-il pas celui d'un réactionnaire, conservateur, fondamentaliste, raciste ; voir anti noir ?!
J'ai la paix, le Seigneur me connait et c'est Lui qui me juge ; personne d'autre. J'aime les noirs, et ceux qui me connaissent le savent. Je pleurais en voyant les Haïtiens morts et meurtris…ces femmes, ces enfants, ces hommes… ces survivants traumatisés… ces êtres que Dieu a créé, qu'Il aime, et qui sont mes frères dans la race humaine. Oui je sais, beaucoup prient le Seigneur là bas ; mais sous quelle autorité spirituelle se trouve ce pays ??

Vous comprenez, chers lecteurs ?

Mes amis, l'Eglise de la Fin aura beaucoup d'ennemis, parce qu'elle dira la Vérité que les foules ne veulent et ne voudront entendre, exactement comme du temps de Jésus en Israël.

Une autre Eglise, l'Eglise Mondiale, saura adapter son discours à l'air du temps, pour convenir aux oreilles qui aiment ce qui est humainement présentable. Mais la pensée humaniste et celle de Dieu sont aux antipodes l'une de l'autre. De loin, elles peuvent présenter des similitudes ; mais de près, elles sont incompatibles. La Pensée est celle de "l'Omega", celle qui clôturera les débats entendus sur la terre ; Elle est Celle de l'Esprit, de l'Esprit-Saint, grâce auquel l'accès aux Ecritures nous a été rendu possible. Les peuples et les nations qui cesseront de négliger ce si grand Salut connaîtront le secours d'En Haut et la Pluie bienfaisante, déversé par un Ciel de faveur, où règne le Dieu d'amour qui aime indifféremment tous les peuples de la terre. Sous les pieds de ces peuples serviteurs et amis de Dieu, la terre s'inclinera et la mer aussi.

SI MON PEUPLE SUR QUI EST INVOQUE MON NOM S'HUMILIE, PRIE ET RECHERCHE MA FACE, S'IL REVIENT DE SES MAUVAISES VOIES, MOI, JE L'ECOUTERAI DES CIEUX, JE LUI PARDONNERAI SON PECHE ET JE GUERIRAI SON PAYS(2 Chroniques 7,14).

Que chacun de nous s'incline devant le Seigneur Jésus-Christ, pour être béni ; homme, femme, enfant, et peuples. Prions pour Haïti et son peuple, envoyons des dons d'argent pour secourir les maheureux de ce pays.
Celui qui ferme son oreille au cri du faible, criera lui même et n'aura pas de réponse (Job 21, 13)… mais point de disette pour celui qui donne au pauvre(Job 28, 27a).

Amen ; recevez tous le baiser saint du Seigneur.

De l'Eglise contrôlable au Peuple de Dieu insaisissable.

15 février 2010

Chers lecteurs,

certains jours (que tous rencontrent dans le bouillonnant monde des relations), il m'arrive comme le prophète Elie, d'être triste et désemparé, un peu replié sur moi même, mais néanmoins toujours en connexion avec mon Dieu (1 Rois 19).

Comme lui encore, j'exposais à mon Seigneur ma situation, puis quelques quarts d'heure passant, je constatai, toujours comme dans le cas d'Elie, que Dieu ne me répondait pas spécialement à propos de ma personne, mais m'entretenait sur le présent et l'avenir de son peuple.

Clairement j'entendais dans ma conscience une voix qui me disait : "mon enfant, veux tu bien ne pas penser à toi même, mais plutôt ouvrir ton esprit et ton coeur à propos de ce qui me préoccupe ? Car je cherche des hommes et des femmes qui ne sont pas préoccupés d'eux mêmes, afin qu'ils soient des oreilles qui m'entendent et des trompettes qui sonnent ; je veux parler à mon peuple, pour lui éviter beaucoup de souffrances, qu'il endurera de façon soudaine et brutale, s'il ne m'entend pas et ne me suit pas".

En recevant ces paroles, je me sentais confus et honteux que celles ci m'aient trouvées apitoyé sur moi même... je Lui demandais pardon de ne pas être dans la Confiance en Lui.

C'est ainsi que le Seigneur me parla de ce que nous pourrions appeler "l'Eglise visible et l'Eglise invisible", ou encore comme je l'ai formulé dans le titre de cet réflexion, qui pousse un peu plus loin le sens et la raison de celle ci.

J'ai personnellement vécu des décennies dans ce que j'appellerai "les églises de murs", ainsi qu'officielles, fédératives et reconnues. Il m'est donc impossible de ne pas en retirer quelques observations. Des murs génèrent toujours un sentiment (plutôt inavouable) de sécurité, et même de fierté. Le constat est identique à l'intérieur du système fédératif. Les défenseurs de ce concept du Royaume argumentent que l'Eglise doit être visible, intégrée dans la société ; en d'autres termes, un Signe de Dieu dans son environnement, ainsi que crédible devant les autorités et donc reconnue et respectée par l'ensemble du pays. Il est vrai d'ailleurs, qu'aux yeux de l'opinion et des pouvoirs publics, tout ce qui n'est pas un peu identifiable est perçu avec suspicion. J'ajouterai enfin que ce mode d'existence de l'Eglise du Seigneur, jusqu'à présent, n'a pas été à ce point injuste, sur le plan prophétique. Je ne pense pas que le Christ fut contre les murs, depuis 2000 ans, même si devant le temple de

Jérusalem, il annonçait sa chute, soulignant que le nouveau temple serait son propre corps (Jean 2,21). J'ai aussi vécu dans des églises et/ou groupes de maison pendant environ quinze ans, et actuellement je m'y trouve. Cette condition a été le plus souvent perçue comme une étape de démarrage d'une oeuvre écclésiale. Si elle perdurait, la plupart du temps elle donnait une impression d'échec, et était regardée par "les établis", non sans jugement, mépris et supériorité (toujours inavouables).

Sur le plan biblique, il est vrai que Dieu a d'abord habité dans une tente (d'assignation), genre de temple portable, appelé "tabernacle"; le peuple d'Israël était logé "à la même enseigne". Puis, un temple en dur fut bâti pour l'Eternel à Jérusalem, et Il y habita. Enfin, le Fils de Dieu descendit sur la terre, et par son sacrifice en croix, Il fit de nous qui croyons en Lui, des temples individuels ; des millions de résidences pour Lui. L'ensemble de ces croyants formant aussi un Temple pour Lui. Il faut aussi noter que Jésus a exercé une partie de son ministère dans le temple de Jérusalem, et autres synagogues de Galilée, ainsi que dans des maisons. Ses Apôtres à leur tour, notamment après la Pentecôte et l'Effusion de l'Esprit Saint, s'appuyèrent d'abord sur ce même temple de Jérusalem pour répandre le Message de la Nouvelle Alliance, avant d'être persécutés avec toute l'Eglise d'alors, qui dûe se disperser pour se rendre... insaisissable !...

Sur le plan prophétique, je crois que le même scénario va se reproduire. Dans l'Empire Romain de l'époque, le Peuple de Dieu n'avait pas de place pour exister. Dans l'Empire Romain qui se reconstitue aujourd'hui avec L'Union Européenne, il faut que ce même Peuple de Dieu se prépare au même état de chose. C'est absolument sans Dieu que cette nouvelle tour de Babel s'édifie, qui va jusqu'à refuser de reconnaître dans sa future constitution, les 2000 ans de son héritage judéo-chrétien. C'est bien le signe d'une volontaire éradication de la présence de Dieu chez elle. Par ailleurs, s'il faut considérer que les 7 églises de l'Apocalypse représentent les 7 époques de l'Age dans lequel nous vivons encore, notons que la dernière est "Laodicée", qui signifie "Eglise du peuple"(par opposition à l'Eglise de Dieu). L'union Européenne accueillera avec un enthousiasme total, cette Eglise Laodicéenne ; à terme, elle sera la seule norme admise ; cette église sous contrôle, riche et sûre de sa force ; inféodée au pouvoir en place. Dans ce temps, aux portes duquel nous sommes désormais parvenus, tout ce qui est de l'Eglise visible, légalement existante, regroupée en fédération, sera très aisément identifiable et contrôlable, et contrôlée. Aujourd'hui, une majorité de chrétiens sincères et leurs leaders, pensent que ces regroupements fédératifs constitueront un rempart de protection. Mais ils feront l'amère et dramatique expérience du contraire, comme cela est arrivé à la communauté juive française sous le régime de Vichy, en 1942. Une foi chrétienne éclairée sait très bien que ce qui arrive à Israël, arrive ensuite à l'Eglise. En France, sous le régime de Vichy, il y avait deux parties distinctes dans la communauté juive : celle qui avait choisie la légalité offerte par Vichy...et qui avait à coeur d'être en "pleine lumière"; ils se constituèrent en une obédience aussi puissante que possible.

Puis l'autre qui préféra se cacher, car elle savait qu'elle devait se méfier de ce gouvernement. L'Histoire montra que les premiers eurent torts, puisqu'ils constituèrent le gros du contingent des déportés ; tandis que les seconds parvinrent en plus grande proportion, à échapper aux mailles de ce terrible filet. Il y avait donc un piège diabolique contre le premier Témoin de Dieu, et ce même diable s'apprête de nouveau à le faire fonctionner contre le second Témoin de Dieu.

Chers amis du Seigneur, pour ma part, et je le dis en m'appuyant sur Dieu : je suis prêt à mourir pour Lui. Mais je veux aussi rester raisonnable et avisé : si mon Dieu d'amour me donne un moyen d'éviter cette extrémité, je le saisirai. Désormais le temps est très court ; Luc 21,21 : "…que ceux qui sont dans la campagne n'entrent pas dans la ville…". Entendons nous ce conseil du Seigneur ? Certains enfants de Dieu ont même fait le choix de disparaître du web ; ils ne sont pas les plus stupides, loin de là ! Moi, je fais aujourd'hui le choix d'y rester, car il faut des voies qui avertissent ; des trompettes qui sonnent !… Je voudrais ajouter que si Dieu n'a fondamentalement jamais été contre les bâtiments (bien que nous n'ayons pas dans le Nouveau Testament une miette d'enseignement qui défende ce concept), Il a dû souffrir, que nous ayons mis souvent en eux, plus de foi qu'en Lui. De cette idole, Il va donc purifier Son Peuple (du moins ceux qui accepteront de l'être).

Oui, pour beaucoup, les bâtiments sont devenus une idole ; les regroupements fédératifs aussi. Mais la seule justice devant Dieu est celle de la foi en Jésus-Christ Son Fils. Tout le restant n'est qu'idoles abominables à ses yeux, desquelles Il s'efforcera de purifier Son Peuple, pour que La Fiancé soit prête, vêtue de sa robe blanche, pure, sans tâche. Cette femme merveilleuse est l'Eglise Finitive ; celle (Smyrne) qui après avoir fait ses preuves, sera Philadelphie. Pour ma part personnelle, je demande pardon au Seigneur pour mon flirt avec ces idoles, car à chaque fois, c'était avec Lui que je n'étais pas. De plus, demandant aussi pardon à tous ceux que j'ai offensé, en conscience ou non ; je veux aussi entendre ce que dit l'Esprit de la Prophétie. Jésus dit : "Vous savez discerner l'aspect du ciel, et vous ne pouvez discerner les signes des temps !" (Matth. 16,3).

Il en a coûté très cher au peuple de France, qu'à plusieurs reprises ses responsables politiques et stratèges militaires aient une guerre de retard ; des voix prophétiques tentèrent en vain de se faire entendre. Mais la nation avait foi en elle même… N'y a t-il pas une analogie avec la nation de Dieu en France aujourd'hui ? L'Eglise de France qui écoute la voix de Dieu et n'a pas foi en elle même, va "quitter les villes pour gagner les champs". Invisible pour les autorités et dans la précarité qui rend humble, elle va toucher le coeur profond du pays, et sera puissante comme jamais elle ne le fut dans son passé. Ses ennemis seront nombreux mais elle leur glissera souvent entre les doigts de leurs mains.

Parce que tu as gardé ma parole, je te garderai moi aussi de l'heure qui doit venir. Du vainqueur, je ferai une colonne dans le temple de mon Dieu et il n'en sortira plus. J'écrirai sur lui le nom de mon Dieu, et celui de la ville de mon Dieu, la nouvelle Jérusalem qui descend du ciel d'auprès de mon Dieu, ainsi que mon nom nouveau.

Recevez chers lecteurs, l'Onction d'En Haut, et qu'elle vous donne les pensées et la présence du Seigneur. Amen . .

Le Saint-Esprit, Celui de la Bible…

13 avril 2010

Chers lecteurs,

depuis trop longtemps le peuple de Dieu se livre à une guerre civile sur la question du Saint-Esprit. Il en a résulté des fractures profondes entre églises qui sont autant de courants qui ne s'aiment guère entre eux. Beaucoup d'ouvrages furent écrits, où chaque auteur entendait présenter rigoureusement ce qu'en disait la Bible…mais personne n'a pu contribuer vraiment à réduire les écarts d'interprétation, qui demeurent.

Je vous propose donc un petit exercice d'un genre inédit, qui consiste simplement à relever dans la Bible toutes les mentions du Saint-Esprit, définissant sa personne et son action. Ainsi chacun peut voir ce qu'en dit la Parole de Dieu, et sans aucun commentaire humain. Vous allez peut-être découvrir tout ce que la Bible dit du Saint-Esprit ; c'est une exploration d'un monde fabuleux qui nous tend éperdument les bras. L'émanation de l'Amour de Dieu, répandue sur toute la Terre, depuis la Pentecôte d'Actes 2 à Jérusalem, qui avait trouvé sa porte d'entrée, quelques jours auparavant sur la croix de Golgotha, par les meurtrissures de Jésus-Christ.

L'ESPRIT DE DIEU,
PLANE-(Gen. 1,2)—HABITE EN L'HOMME-(1 Co. 3,16)—EST SUR L'HOMME-(Esaïe 61,1 ; Luc 1,35 ; Luc 2,25)—SAISIT L'HOMME-(1 Sa. 19,20)—REVET L'HOMME DE PUISSANCE-(Luc 4,14)—CREE L'HOMME-(Job 33,4)—DESCEND SUR L'HOMME COMME UNE COLOMBE-(Matt. 3,16)—CONNAIT LES CHOSES DE DIEU-(1 Co. 2,11)—INCOMPATIBLE AVEC L'HOMME NATUREL, PSYCHIQUE-(1 Co. 2,14)—ECRIVAIN, INSPIRATEUR-(2 Co. 3,3)—EST ATTRISTE-(Eph. 4,30 ; Esaïe 63,10)—PERMET DE RENDRE UN CULTE A DIEU-(Phil. 3,3)—REPOSE EN GLOIRE SUR L'HOMME-(1 Pierre 4,14)—SE RECONNAIT-(1 Jean 4,2)—PARLE PAR L'HOMME-(2 Sa. 23,2)—PARLE A L'HOMME-(Act. 8,29 ; 10,19 ; 11,12)—TRANSPORTE L'HOMME-(1 Rois 18,12)—SORT DE L'HOMME POUR PARLER-(1 Rois 22,24)—RASSEMBLE LES HOMMES-(Esaïe 34,16)—MENE AU REPOS-(Esaïe 63,14)—MET EN FUITE-(Esaïe 59,19)—TOMBE SUR L'HOMME-(Ez. 11,5)—REMPLI L'HOMME DE FORCE-(Michée 3,8)—REMPLIT UN BEBE DES LE SEIN DE SA MERE-(Luc 1,15)—SON OMBRE COUVRE UNE FEMME(Marie) ET LA FECONDE-(Luc 1,35)—ETRE REMPLI DE LUI, REMPLIT AUSSI DE JOIE-(Act. 13,52) ET DE FOI-(Act. 6,5)—DONNE L'INTELLIGENCE A L'HOMME-(Job 32,8)—ENLEVE L'HOMME-(Act. 8,39 ; Ez. 3,12)—REND LIBRE, REPAND LA LIBERTE-(2 Co. 3,17)—TRANSFORME L'HOMME-(2 Co. 3,18)—EMPECHE L'HOMME, LUI BARRE LA ROUTE-(Act. 16,6 et 7)—SA PRESENCE EN L'HOMME

DETERMINE SI CELUI CI APPARTIENT A DIEU-(Ro. 8,9)—ENVOYE PAR DIEU DANS LE COEUR DE L'HOMME-(Gal. 4,6)—IL EST L'ESPRIT DE JESUS-(Phil. 1,19)—MARQUE LES EPOQUES ET LES CIRCONSTANCES PAR SES INDICATIONS-(1 Pierre 1,11)—SE TRANSMET PAR DIEU D'UN HOMME A UN AUTRE-(Nombres 11,17 ; 2 Rois 2,15)—FAIT PROPHETISER L'HOMME-(Nombres 11,25)—EST REPANDU SUR L'HOMME-(Actes 10,45)—DESCEND SUR L'HOMME-(Act. 10,44)—FAIT AVANCER L'HOMME PAR ET DANS SON COURANT-(Ez. 1,12)—ENTRE EN L'HOMME-(Ez. 2,2)—EST APPELE PAR L'HOMME-(Ez. 37,9)—EMMENE JESUS-(Matt. 4,1)—PARLE EN L'HOMME-(Matt. 10,20)—POUSSE JESUS-(Marc 1,12), SIMEON-(Luc 2,27)—DESCEND DU CIEL-(Jean 1,32)—DONNE NAISSANCE (spirituelllement)-(Jean 3,5 et 6)—EST DONNE PAR DIEU SANS MESURE-(Jean 3,34)—VIVIFIE-(2 Co. 3,6)—DONNE DE S'EXPRIMER EN D'AUTRES LANGUES-(Act. 2,4)—RESSUSCITE JESUS ET L'HOMME-(Ro. 8,11)—TEMOIGNE A L'ESPRIT DE L'HOMME QUE CE DERNIER EST ENFANT DE DIEU-(RO. 8,16)—AIDE L'HOMME DANS SES FAIBLESSES-(Ro. 8,26)—A UNE PENSEE QUE DIEU CONNAIT-(Ro. 8,27)—AIME-(Ro. 15,30)—AGIT PAR DEMONSTRATION-(1 Co. 2,4)—SONDE TOUT MEME LES PROFONDEURS DE DIEU-(1 Co. 2,10)—ENSEIGNE DES DISCOURS-(1 Co. 2,13)—DONNE UNE MANIFESTATION-(1 Co. 12,7)—FAIT PRIER ET CHANTER-(1 Co. 14,15)—LE CROYANT A RECU SES ARRHES-(2 Co.1,22) ; SES PREMICES-(Ro. 8,23)—A DES MINISTRES-(2 Co. 3,6)—SE RECOIT PAR LA FOI-(Gal. 3,2)—A DES FRUITS-(Gal. 5,22)—EST UNIQUE-(Eph. 4,4)—A UNE EPEE, la Parole de Dieu-(Eph. 6,17)—PEUT ETRE ETEINT-(1 Thess. 5,19)—MET A PART DES HOMMES-(Act. 13,2)—FAUTEURS DE DIVISIONS ET ETRES CHARNELS SONT ELOIGNES DE LUI-(Jude 19)—PARLE AUX EGLISES-(Apoc. 2,7)—INVITE JESUS A REVENIR-(Apoc. 22,17)—PEUT SE RETIRER-(Ps. 51,13)—PARLE PAR LA BOUCHE DES DISCIPLES-(Marc 13,11)—FAIT TRESSAILLIR DE JOIE-(Luc 10,21)—EST DONNE PAR LE PERE A CEUX QUI LE DEMANDENT-(1 Thess. 4,8 ; Luc 11,13)—ENSEIGNE LE CHRETIEN POUR SE DEFENDRE-(Luc 12,12)—EST UN CONSOLATEUR QUE LE PERE ENVOIE-(Jean 14,26)—EST UNE PUISSANCE QUE LE CHRETIEN RECOIT-(Act. 1,8)—ON PEUT LUI MENTIR-(Act. 5,3)—ON PEUT S'OPPOSER A LUI-(Act. 7,51)—ASSISTE L'EGLISE POUR LA FAIRE PROGRESSER-(Act. 9,31)—DESCEND SUR CEUX QUI ECOUTENT LA PAROLE DE DIEU-(Act. 10,44 ; 11,15)—EST UN DON-(Act. 10,45)—ENVOIE EN MISSION-(Act. 13,2)—COLLABORE AVEC LES SERVITEURS DE DIEU-(Act. 15,28)—PEUT ETRE INCONNU, IGNORE DES CROYANTS-(Act. 19,2)—AVERTIT, PREVIENT L'HOMME-(Act. 20,23)—ETABLIT LES MINISTERES-(Act. 20,28)—PARLE PAR LA BOUCHE DES PROPHETES-(Act. 21,11)—A POUR TEMPLE LE CORPS DE L'HOMME-(1 Co. 6,19)—A UNE COMMUNION AVEC LE CROYANT-(2 Co. 13,13)—L'HOMME EST SCELLE PAR LUI-(Eph. 1,13)—PAR LUI L'EVANGILE EST PRECHE-(1 Thess. 1,5)—SON RENOUVELLEMENT NOUS SAUVE-(Tite 3,5)—SES DONS PROPHETIQUES ET DE PUISSANCE

APPUIENT NOTRE TEMOIGNAGE-(Hebr. 2,4)—EST UN BAPTEME-(Act. 1,5 ; 1 Co. 12,13)—FUSIONNE AVEC CELUI QUI S'ATTACHE AU SEIGNEUR-(1 Co. 6,17)—OFFRE UNE DIVERSITE DE DONS-(1 Co. 12,4)—LIE (Paul)-(Act. 20,22)—EST LE SEIGNEUR-(2 Co. 3,17 et 18)—EST UN ESPRIT D'ADOPTION-(Ro. 8,15)—A UNE EMPRISE SUR LE CHRETIEN-(Ro. 8,9)—A DES TENDANCES-(Ro. 8,6)—SCELLE LE CROYANT-(Eph. 4,30)—SE RECOIT PAR L'IMPOSITION DES MAINS-(Act. 19,6)—L'HOMME LUI PARLE-(Ez. 37,9)—EST L'ESPRIT DE NOTRE PERE-(Matt. 10,20).

Chers lecteurs, cette liste de traits et d'actes du Saint-Esprit, extraite de la Bible par mes soins, n'est sans doute pas complète. Sa présentation peut sembler être un peu à l'avenant... Je vous laisse un peu de travail pour remettre tout cela dans l'ordre qui vous conviendra ; mais plongez vous dans cette liste... c'est à dire dans le monde surabondant du Saint-Esprit. Alléluia!

Enfin, personnellement, mon "crédo" à propos du Saint-Esprit peut se définir ainsi :
-le Saint-Esprit, sans jamais aucune limite !!
Même chose d'ailleurs pour le Père et le Fils, ainsi que pour la Parole de Dieu, dans la poursuite de Sa Révélation.

Que le Seigneur vous enrichisse encore de sa Parole !!!

Affectueusement en Lui.

La dimension de l'Absolu maintenant, la préparation pour le Ciel

13 juillet 2010

Chers lecteurs,

Ayant été porté à réfléchir sur les motivations qui peuvent amener un homme, une femme à rechercher Dieu, j'en ai glané quelques enseignements qui peuvent être donnés à cet effet "dans les boulevards du Royaume de Dieu"

C'est ainsi que j'ai pu constater que beaucoup recherchent Dieu pour leur intérêt personnel ; c'est en effet avec une grande sincérité, que l'on va voir le Seigneur pour Lui demander un meilleur salaire, plus d'argent, une maison, des amis, un mari, une épouse, une voiture neuve ; on va également Le voir pour découvrir le milieu chrétien qui va parfaitement nous convenir ; on Le cherche bien sûr plus spécialement quand on est malade ; pour cela, on ira même jusqu'à faire l'effort d'entrer dans le jeûne et la prière, comme pour d'autres motivations. Ces autres motivations, comme celles déjà énumérées, sont donc "ces charges et ces fatigues" que Jésus Lui même évoque, justement pour que nous venions les lui déposer (Matt. 11,28).

Se peut-il alors qu'il y ait un problème dans la consommation de cette démarche ?
Nous cherchons même le Seigneur pour connaître notre destinée, notre appel... Pardon, notre Appel. En cela d'ailleurs, nous sommes encouragés par des enseignements systématiques du style : "Chercher Dieu pour découvrir notre destinée" ; où encore... Sa Volonté. Tout ceci paraît relever d'une démarche profondément spirituelle. Ces enseignements seront décorés d'une abondance de citations bibliques, suffisante pour convaincre chacun.

Serais- je occupé à vous dire que tout cela est faux ? Non, tout cela n'est pas faux, mais...Oui, il y a un "mais".
Car si toutes ces raisons et rien qu'elles, me poussent à chercher Dieu, il se peut que ma vie avec Lui possède un certain contenu ; c'est le sentiment que je peux raisonnablement en éprouver. En la circonstance, je peux même grandir dans ma foi et mon amour pour Dieu ; néanmoins, est-ce vraiment là que Dieu m'attend, très exactement ; c'est à dire dans l'absolu, dans l'ultime ??
A propos de la vraie relation avec Dieu, la Bible dit : "ce n'est plus moi qui vit, mais Christ qui vit en moi"(Gal. 2,20).

Que signifie cette déclaration et l'ensemble des l'enseignements de l'Ecriture ? Ils signifient que s'il est vrai que l'on recherche Dieu pour être secouru et sauvé dans un premier temps ; on poursuivra cette recherche, non plus pour nous cette fois ci, mais pour Lui.

En effet, je vais peu à peu cesser de chercher Dieu, toujours et seulement pour mon intérêt personnel, c'est à dire en vue de mes droits et de mes attentes.

Si je n'agis pas ainsi, je demeure exactement comme j'étais avant de Le connaître : je suis au centre de moi même. Mon existence est "égocentrique", et tout ce qui m'entoure est là pour que je puisse "me réaliser"; que je puisse même… "me réaliser en Christ".

Se réaliser en Christ !!!!…. C'est là l'objectif de beaucoup, qui semble tellement spirituel, mais qui est pourtant en réalité terriblement charnel ! C'est une impasse ; c'est la sagesse charnelle et démoniaque dont parle Jacques (3, 15). Comme le disait il y a trente ans, un chrétien en colère, à son entourage duquel je faisais partie : "fichez moi la paix, je fais mes expériences avec Dieu !!"

Je veux le redire, que ce genre d'attitude est certes une étape par laquelle nous passons tous plus ou moins longtemps. Mais chers lecteurs, je vous en prie, ambitionnez de muter et d'aller plus loin. Déclarez ce que la Bible dit à votre propos : vous êtes morts et désormais, c'est Christ qui vit en vous.

Ainsi, votre centre est Jésus-Christ.

Vous ne vous lèverez plus le matin en pensant à votre intérêt, mais au Sien. Vous ne penserez plus à vos attentes mais aux Siennes ; vous ne chercherez plus à vous réaliser en Lui, mais à travailler jusqu'à ce qu'Il soit accompli en vous(Gal. 4,19).
C'est cela la libération de soi même ; c'est devenir "christocentrique".

Ce faisant, penserions nous que pendant ce temps là, Il ne s'occupe pas de nous et de notre vie ? La réponse en forme de mise au point et de promesse se trouve dans Matt. 6, 33).

Mais laissons encore parler la Bible, car s'il est vrai et légitime que des foules d'hommes et de femmes sont venues vers le Seigneur pour être touchées, guéries et sauvées ; c'est à dire pour leur intérêt ; il est vrai aussi qu'un certain jour, Jésus prit avec Lui Pierre, Jacques et Jean à l'écart ; personne d'autre ne suivit ; les problèmes ne suivirent pas ; ce ne fut pas pour satisfaire ses disciples, ni pour répondre à une quelconque prière qu'il les emmena, mais pour que Lui, soit glorifié par Son Père à leurs yeux. Ce n'était pas pour eux, même s'ils en retirèrent sur le moment un bénéfice personnel considérable ; c'était pour Lui, pour Le découvrir dans une dimension inconnue d'eux jusqu'alors. De surcroit, quand Pierre fit la suggestion de revenir aux choses matérielles, sans doute pour joindre "l'utile" à l'agréable (Matt. 17,3), il fut interrompu par une amplification de ce phénomène glorieux centré sur la personne de Jésus-Christ.

Dans le passé, ils avaient été au Seigneur par la foi en Lui et pour leurs problèmes ; mais ce jour là, ils grandissaient dans cette même foi en Le suivant sans les problèmes.

Quant à Moïse, laissant le troupeau de son beau-père en bas de la montagne, il y monta seulement pour chercher Dieu. Lui non plus, n'emmène avec lui aucun problème ; il y va pour connaître l'Eternel. Moïse ne semble demandeur de rien, si ce n'est que de rencontrer ce Dieu qui se tient sur cette montagne. En outre, il n'est pas envers Dieu, demandeur de destinée ; pas plus que Marie quand elle reçoit l'ange qui vient lui en annoncer une…de taille, comme à Moïse !!

Personne dans la Bible ne cherche Dieu pour trouver sa destinée !!
Ce genre d'enseignement est imprégné de La Sagesse du Monde : "je cherche Dieu pour me réaliser"… Mais La Sagesse de Dieu nous enjoint de Le chercher PAR AMOUR POUR LUI.

Nombre d'hommes et de femmes dans la Bible cherchent Dieu et se tiennent prêt de Lui et pour Lui. Ils ne demandent ni ne cherchent une destinée quelconque. Permettez moi de taper un coup de poing sur la table pour réclamer un peu d'ordre dans les rangs !! Restons bibliques et n'allons pas au delà de ce qui est écrit.

L'expérience d'Esaïe (ch.6) n'est-elle pas exhaustive ? Des versets 1 à 4, il voit le Seigneur ; cela implique directement qu'au verset 5, il se voit lui dans son échec ; qu'au verset 6, il voit Son Salut en action et que dans le 7, il y goûte et se trouve soulagé. La suite est que dans le verset 8, il entend Dieu l'appeler et au verset 9, l'envoyer. Mais le prophète n'a rien demandé ni recherché, sauf la Présence de Dieu, pour laquelle il se tenait dans le Temple ; et c'est ainsi qu'il l'eut. Amen !!!

Je comprends qu'on aille à Dieu pour demander ; mais pour ma part, aujourd'hui, je veux surtout et premièrement aller à Lui, sans demande, simplement pour Lui ; pour Son Coeur… pour embrasser Ce Coeur qui attend mon amour et que j'ai si souvent blessé par tant d'inconséquences graves ; plus que ma conscience ne peut les stocker. Depuis plus de dix ans, je ne m'occupe plus de ma destinée…. et celle ci va bien ! Je constate même à quel point le Seigneur me conduit ; j'en ris de le voir ! Je cherche Dieu, son Esprit et Sa Parole, parce que je veux L'aimer, Les aimer de plus en plus.

Chers lecteurs, vous l'avez compris : il y a "les périphériques"(nos demandes légitimes) ; il y a les impasses (nos passions adultérines (Jacques 4, 3 et 4…. demander pour notre satisfaction et non celle de Dieu). Mais au final, il ne faut pas manquer "Le Baptême". Est-ce que je parle d'eau ? Oui pour ce qui en est de la manifestation extérieure. Mais je parle plus profondément du Baptême en Christ. Cette mort en croix, qui vous fait ressusciter avec Lui aussi. Si cette expérience est authentique, vous ne cherchez plus les choses d'en bas, mais Celles d'En Haut. Vous ne pensez plus à celles d'en bas, mais à Celles d'En Haut. Votre vie est cachée. Christ est votre vie. Quand Il paraîtra dans la Gloire, vous paraîtrez aussi dans Sa Gloire avec Lui et à côté de Lui (Col. 3, 1 à 4). Voulez vous de ce Baptême ? Vous ne pouvez le prendre que par la foi en Lui. Serez vous fidèle ? Lui sera fidèle. Sautez dans les eaux de ce Baptême comme Pierre est sorti de la barque !

Soyez baptisés pour baiser son coeur tous les jours de votre vie. D'accord ?

Cette vue de la vie chrétienne, et plus exactement de la vie avec Dieu, est en droite ligne avec l'état d'esprit qui devra se trouver au sein de l'Eglise finitive.

Affectueusement en Lui.

SENTINELLE, QU'EN EST-IL DE LA NUIT ?

21 septembre 2010

Bonjour chers lecteurs !

Certainement, parmi vous qui lisez ces lignes, nombreux et nombreuses êtes vous qui cherchez à comprendre les temps que nous vivons ; ainsi que d'y découvrir les signes qui s'en dégagent.

Ce siècle nouveau, qui verra à coup sûr le Retour de Jésus-Christ, Le Messie de Dieu ; a commencé sous le signe du terrorisme, cette main démoniaque, qui s'est levée et a désormais étendu son ombre sur la terre entière. Dans le siècle passé, le terrorisme était un phénomène seulement constitué "de petites mains locales". Maintenant, sa toile est planétaire, et elle est comme ces chevaux de l'Apocalypse (ch.6), qui parcourent la terre, pour la ravager. Elle se nourrit d'ailleurs de ce que lui procurent ces quatre chevaux : séduction avec le cheval blanc ; guerre avec le cheval rouge ; pauvreté avec le cheval noir et maladie/épidémie avec le cheval verdâtre.

La mafia terrorisait ce monde pour profiter de lui ; plus grave maintenant, le terrorisme d'aujourd'hui veut le tuer pour soi-disant en mettre un autre à sa place.

Il s'agit là du contre projet de satan par rapport à Celui de Dieu. Ce dernier est d'apporter là aussi un monde nouveau, basé sur le Retour de Jésus-Christ et déclenché par ce phénomène. Vous pouvez donc saisir que la terre est à la fin d'une saison convulsive et dolorique, et qu'il y a deux projets pour en finir, maintenant. D'ailleurs, c'est une constante depuis Eden : quand Dieu apporte Son Plan, satan s'empresse immédiatement d'apporter le sien.

Alors qu'évidemment les servants des cavaliers de l'Apocalypse inquiètent presque la terre entière ; celle ci resserre les rangs, au point que les ennemis d'hier (adversaires de la guerre froide de la seconde partie du 20e siècle), forment aujourd'hui et de plus en plus, une "sainte alliance"pour faire face à ce terrorisme. C'est ainsi que dans ce réflexe protecteur, le concept de "château fort" (ou Tour de Babel) est de retour. C'est également le cas dans l'Eglise. Je pense à toutes ces unions qui se forment, pour exister…face aux interlocuteurs potentiels (c'est à dire entre autre à ceux qui pourraient se révéler hostiles). Les places fortes réapparaissent donc, se multiplient et recrutent, comme au temps du Moyen Age, où les cerfs des campagnes semblaient bien inspirés de payer l'impôt au seigneur de leur fief, afin que celui ci les protège. Etaient considérés comme fous, ceux qui ne s'assuraient ainsi d'aucune protection de la sorte, face au brigandage ambiant. C'est également le cas dans l'Eglise, où la foi qui vient de Dieu, se voit en butte inavouée avec celle que l'on place dans le château fort de l'Institution Confessionnelle et Fédérative, et même désormais…

Confédérative, depuis le début de cette année 2010.

Dans cette ambiance sécuritaire et mondiale, on s'active pour préparer les esprits à l'accueil LEGITIME de l'arme absolue qui "réglera tous les problèmes" : je veux parler de la marque sur le front ou la main droite d'Apoc. 13,16 et 17. Maintenant, nous savons qu'il s'agit d'une puce électronique ; elle existe, elle est au point, elle est déjà çà et là en usage expérimental ; je veux parler de certaines contrées du monde.

Une question dès lors se posera au peuple de Dieu des villes, celui des châteaux forts, qui sera facilement contrôlable par les autorités : comment échapperont-ils au puçage ; ou pour être biblique dans l'expression : comment échapperont-ils au marquage de la bête ?

Quand j'étais enfant et que ma mère me racontait ses années de guerre, elle me disait souvent que c'était bien plus facile de vivre à la campagne plutôt que dans les villes… On y mangeait mieux et la pression de l'Occupant y était moins intense. Elle n'aimait pas se rendre à la ville ; elle affectionnait de rester cachée à la campagne… Jésus dit d'ailleurs : "Lorsque vous verrez Jérusalem investie par des armées, sachez que la désolation est proche. Alors que ceux qui seront en Judée fuient dans les montagnes, que ceux qui seront au milieu de Jérusalem s'en retirent, et que ceux qui seront dans les campagnes n'entrent pas dans la ville"(Luc 21, 20 et 21).

Ainsi, Jésus prévient qu'en temps de persécution, il faudra SAVOIR CULTIVER L'INVISIBILITE. Mais aujourd'hui, l'Eglise dont la foi est mal placée, fait l'inverse. Elle croit que se rendre visible impressionnera tout vis à vis potentiel. Du temps de l'Empire Romain, c'est pourtant l'Eglise des catacombes qui a triomphé; et tout récemment, l'Eglise souterraine de Chine est venue confirmer la puissance "des galeries de la campagne", où elle a appris à compter seulement sur Son Dieu pour chaque jour ; même les plus sombres.

Le terrorisme lui, sait se dissimuler ; aucun de ses combattants n'est facilement contrôlable (hélas…!). Jésus dit aussi que "les enfants de ce siècle sont plus prudents à l'égard de leurs semblables que ne le sont les enfants de lumière"(Luc 16,8).

Le peuple de Dieu qui joue la carte de la sécurité institutionnelle va connaître de terribles temps de désillusion. Deux types de réaction s'en dégageront : la repentance et la rebellion ; certains vont donc réagir dans le bon sens, mais avec beaucoup d'épreuves que le Seigneur voulait leurs épargner, quand ils ne L'écoutaient pas. Néanmoins, c'est dans un grand héroïsme aidé d'une puissante onction de foi retrouvée, qu'ils se distingueront. Dans son grand amour, le Seigneur les soutiendra extraordinairement, au milieu d'une terrible bataille, dans le feu de laquelle, certains verront de leurs yeux de chair, les anges combattrent de toutes leurs forces à leurs côtés. Hommes et femmes seront sublimés par des vagues de l'Esprit de Dieu que la terre n'aura pas connu depuis la résurrection de Jésus. Ils apprendront en quelques jours ou quelques heures, ce qu'ils auront négligés durant des années. Ils seront comme transpercés par des flèches, qu'ils s'arracheront eux mêmes immédiatement et avec une plus grande violence que celle de ces flèches qui les auront frappé. Ils rugiront comme le Lion de Juda, en refusant la marque de la bête.

Les rebelles à l'inverse, passeront dans le camp de l'ennemi, non sans invoquer des raisons les plus subtiles et les plus légitimes, comme la tragédie humaine qu'ils diront avoir vu et vécu. Ils n'assumeront jamais leur désobéissance et en imputeront les conséquences à Dieu.

Ceux qui se seront laissés avertir par l'Esprit de Dieu, ayant gardés une "libre oreille prophétique", connaîtront eux aussi des difficultés mais beaucoup moins grandes. Etre sauvé comme au travers du feu est biblique, mais pas incontournable. Le Juif des montagnes et des campagnes sera bien plus épargné que celui des villes ; et Jésus nous a conseillé d'en tenir compte.

Aujourd'hui néanmoins, la mode spirituelle dans l'Eglise… dite "prophétique"est un déferlement de grandes visions, toutes plus visibles les unes que les autres. Il faut occuper les capitales du monde, ses grandes artères et avec des réseaux les plus puissants possibles. Attention toutefois au risque que ces grandes visions se croient seules au monde, dans le Royaume de Dieu. Dans un pays, il y a d'autres endroits que la capitale. Dans une grande ville, il y a d'autres rues que ces grandes artères… L'homme regarde à ce qui frappe les yeux; mais l'Eternel regarde au coeur (1 Samuel 16,7). A ses dépends, l'Eglise devra revenir à l'esprit de Samuel, un vrai prophète de Dieu.

Satan sait bien en ces temps qui courent comment imiter Dieu. Ses soldats ne se voient pas. Ils sont organisés en nébuleuse. L'Eglise fidèle a dû s'organiser de la même façon après le meurtre d'Etienne, et Paul lui même, nouvel enfant de lumière a dû fuir Damas, par une fenêtre, le long d'une muraille, dissimulé dans une corbeille, pour échapper au gouverneur de la ville (2 Co. 11,32). L'Eglise de maintenant doit se préparer aux galeries de la terre, ou si vous préférez : au maquis, ou encore au désert. C'est là qu'elle peut aujourd'hui se purifier, tranquillement ; sinon, elle le sera comme au travers du feu, c'est à dire dans la précipitation et donc la contrainte.

Certes, il faut que le peuple de Dieu est la vision du monde qui se perd ; mais ne nous y trompons pas, le désert est rempli de gens qui s'y sont égarés.

A propos de grandes visions, elles le sont vraiment quand le disciple de Jésus veut croire que démons et maladies fuient quand il les chasse ; quand il est attaché à la vérité mais dans l'amour (et non l'amour mais dans la vérité…. je ne joue pas sur les mots, car sur le terrain, la différence est grande entre les deux !!) La vision du disciple est merveilleuse quand il veut farouchement continuer de grandir dans la révélation de la Parole de Dieu, et ne pas se contenter de rester enfermé dans les limites de sa théologie. Il sera heureux en quittant "son saint-esprit", pour courir au devant du Saint-Esprit, et de son monde. Ainsi, il ne sera pas cloîtré dans sa ville ancienne, même quand celle ci est décorée d'une vision dite "nouvelle"; enfin, la vraie vision que le Saint-Esprit veut donner en ces jours qui sont les nôtres, ne concerne pas une stratégie mais un état de coeur qui se voit au comportement.

A ceci tous connaîtront que vous êtes mes disciples, si vous avez de l'amour les uns pour les autres (Jean 13,35)

Donc ; foi et amour dans l'onction prophétique de la révélation continuelle du Saint-Esprit quant à la parole de Dieu ; voilà le bon plat qu'il faut découvrir et humblement communiquer dans le champ de Dieu, afin que le monde croit.

Nous avons là peut-être, la quintessence spirituelle et profonde de l'Eglise de Philadelphie, qui fit l'admiration du Seigneur (Apoc. 3, v.7 à 12), et qui sera Celle de la Fin.

Sentinelle, qu'en est-il de la nuit ?
Sentinelle, qu'en est-il de la nuit ?
La sentinelle répond :
Le matin vient… et la nuit aussi.
Si vous voulez interroger, interrogez.
Retournez vous, convertissez vous et venez ! (Esaïe 21, 11 et 12)

Que le Collyre d'En Haut vous soit donné chers lecteurs.

Humblement à moi de même en premier

Pour une hygiène de la bouche…
et une juste conception de la vie avec Dieu.

22 octobre 2010

Chers amis lecteurs,

Jésus posa à ses disciples la question suivante : "qui dites vous que je suis ?"(Matt.16,15) ; et Pierre, inspiré par Le Père, répondit : "Tu es le Christ, le Fils du Dieu vivant !"(v.16). Jésus, certainement touché dans son coeur et son esprit par cette parole de Pierre, va conclure en lui disant : "Et moi, je te dis que tu es Pierre…; avec cette pierre je bâtirai Mon Eglise…; le séjour des morts ne fera pas le poids face à toi…; je te donne les clés du Royaume Céleste…; ce que tu lieras, délieras, s'accomplira en réalité… "(v.18 et 19). Notez que cette promesse, d'abord donnée à Pierre, est ensuite étendue à tous les croyants, sinon il faut enlever de la Bible les deux passages suivants : Luc 10,19 et Marc 16,17 et 18. Mais cet exercice étant chargé de terribles conséquences (Apoc. 22,19), je ne le ferai donc pas pour ma part. Pourtant, malheureusement, c'est ce que nous faisons tous…!!

C'est là qu'il faut la conscience de nos fautes, et l'humilité de la repentance, que le Seigneur entendra, puisque face au péché qui abonde, la Grâce surabonde
(Rom. 5,20).

Mais reprenons le début de ce propos ; car dans le quotidien de nos vies, que disons nous de Jésus ?… La même chose que Pierre ? Ce serait merveilleux, car voyez vous pour lui, cette confession semble avoir levé le voile sur sa destinée, et fait descendre sur sa personne l'Onction de la Victoire permanente par ce Nom et cette qualité du Fils de Dieu.

En effet, Jésus en substance, affirma à Pierre que grâce à sa déclaration et dans ses contingences de tous les jours, l'adversité ne pourrait que reculer devant lui ; en toute circonstance, il ne pourrait être qu'un vainqueur.

Qu'en pensez vous chers lecteurs ? Cela vous intéresse t-il ?

Une autre promesse de Jésus vient couronner ces lignes que vous venez de lire : "Quiconque me confessera devant les hommes, je le confesserai moi aussi devant Mon Père qui est dans les cieux"(Matt. 10,32)… Et n'oubliez pas de lire le verset 33… Il est moins riant, mais aussi valable et précieux que le précédent.

Ces deux versets signifient qu'à chaque fois -croyants déclarés ou pas- que vous émettez de la peur et du doute quant à la Faveur du Seigneur pour vous, vous fermez le Ciel, et ouvrez les portes de la Mort à votre encontre.

Si en particulier, votre bouche exprime bien trop souvent la crainte de tomber malade, pour vous et vos enfants, vous attirez justement la maladie. Si au contraire vous déclarez imperturbablement que Jésus, étant Le Fils de Dieu et Le Sauveur de votre vie, vous ne connaitrez ainsi rien de toutes ces calamités, pas plus que vos enfants ; alors Jésus vous confessera devant Son Père, Notre Père. Ainsi, vous repoussez la mort sous toutes ses formes d'attaque.

Si vous dites AVEC CONSTANCE que Jésus étant le Fils de Dieu, votre Sauveur, ne vous fera manquer de rien dans aucun domaine, vous verrez peu à peu et en continu La Bénédiction d'En Haut se multiplier pour vous et vos proches.

Chers amis, la foi en Jésus est le dentifrice spirituel qui assainit votre bouche. Vous vous lavez les dents chaque jour ; c'est mieux ainsi pour éviter les caries ; nous sommes tous d'accord. Pratiquez aussi et autant l'hygiène spirituelle de votre bouche. Arrêtez de dire que vous espérez ne pas tomber malade ; cessez de craindre et cessez d'exprimer vos craintes ; dites que Dieu vous garde et que rien ni personne ne vous touchera pour vous faire du mal ; que les parents le disent pour leurs enfants, ainsi de même les enfants pour leurs parents. Ne dites plus que "vous ne savez pas ce que l'avenir vous réserve", dans le sens d'exprimer la crainte de cette inconnue. Si vous avez donné votre vie à Jésus, Il est Votre Avenir. Jésus étant dans la Faveur du Père, il en sera donc de même pour vous. Et comme en ce moment tous les Français ont la trouille de ne pas avoir de retraite le moment venu, que les croyants de ce pays se lèvent pour proclamer avec David que l'Eternel est leur "Haute Retraite"!
(2 Sam. 22,3)

De la foi, et de la foi déclarée à haute voix devant les hommes de ce peuple qui ne font que gémir, chers amis lecteurs !!

Et toi peuple de Dieu, pourquoi gémis tu ? Le peuple de France a t-il la connaissance de Dieu ? Ce peuple crie dans les rues parce qu'il n'a pas voulu savoir que si la nation est impuissante, Dieu demeure tout puissant pour lui. Mais le pire, est que le peuple de Dieu, "qui sait", ne se comporte pas forcément mieux.

Le peuple de France pèche ; celui de Dieu aussi ; je pèche moi même ainsi aussi… Pardon Seigneur !! Pardon pour toutes mes paroles vaines ! Sincèrement pardon Seigneur ! A genoux je m'humilie devant toi pour moi et ce peuple. Nous sommes une bande de trouillards, qui attire la pauvreté, les maladies et toutes sortes de désastres, alors que Tu es venu Seigneur Jésus, mourir sur cette croix pour que nous ayons tous La Vie, et en abondance !!

Personnellement, je m'efforce de chasser de ma bouche tout propos qui permettrait à la mort de se rapprocher de moi, de ma famille et de mes amis. Je ne peux pas me substituer à eux certes, mais je peux les influencer à La Vie, par ma confession positive en la foi en Jésus ; ils peuvent voir ainsi la bénédiction divine sur moi, et comprendre qu'en appliquant les mêmes principes, ils obtiendront les mêmes résultats.

J'aimerai aussi transmettre un message aux ministres de Dieu qui Le servent : arrêtez de pleurnicher après la dîme et les offrandes, et d'accuser les chrétiens de cupidité, directement ou indirectement. La culture de cette pratique n'apportera pas la santé à vos finances. Vous mêmes ne manquez pas de foi en votre Dieu qui- chrétiens cupides ou pas- pourvoira à tous vos besoins, selon Sa Richesse et avec Gloire.

Moi aussi je suis ministre de Dieu ; je m'efforce d'éviter de mettre ainsi un joug sur les croyants ; s'il m'arrive de demander de l'argent, ce n'est jamais pour moi, mais plutôt pour le secours d'un frère ou autre ; et ma situation financière est parfaitement saine ; j'ai deux voitures quasi neuves dans la cour de ma maison, et globalement je ne manque de rien. Je conclurai sur ce paragraphe, pour faire observer que l'esprit de richesse, nous venant des USA est pestilentiel et démenti dans sa démarche par la Parole de Dieu(Hébreux 13,5), tout autant que peut l'être celui de pauvreté qui est très français. Ayant goûté aux deux, je les jette aux ordures ; le saint-esprit américain ne m'intéresse pas, ses versions française et africaine non plus(quoiqu'il y ait de très bonnes choses dans les trois entités respectives). Seul, LE SAINT-ESPRIT m'intéresse. Il est Celui de l'Eglise de Philadelphie, église peu remarquable sur le plan extérieur, mais devant laquelle s'inclineront ceux qui se disent faussement Juifs(Apoc. 3, 8 et 9).

Le vrai Saint-Esprit me fait confesser le Nom de Jésus en temps que Fils de Dieu et Sauveur du monde, et donc de ma vie personnelle…dans tous les jours de celle ci, et toutes les affaires de mes jours.

Cela signifie qu'il n'y a jamais péril en la demeure ; que le Bon Berger est là, et qu'Il maîtrise toute situation. Ainsi, il n'y aura pas de déchet dans ma bouche, car celle ci a pouvoir de vie ou de mort sur moi et mon prochain(Prov. 18,21). Je ne craindrai plus aucune forme de malheur, afin d'éviter de l'appeler ; Job a dit : "Ce que je crains c'est ce qui m'arrive ; ce que je redoute, c'est ce qui m'atteint"(3,25)… Et il a été atteint… Et certes la Grâce a surabondé pour lui… mais ce n'est pas une raison essayer ce genre de scénario.

Il y a des enfants que Dieu éprouve(teste) afin de les former. Et il y a des enfants de Dieu qui sont des professionnels de l'épreuve ; plus ils en ont, plus ils trouvent cela normal ; ils n'ont fait qu'avaler un mensonge du diable, en forme de fausse interprétation du concept divin de l'épreuve ; et ce dernier(le diable) en profite sans modération pour les frapper, jusqu'à leur faire perdre la foi, ce qui arrive malheureusement à certains.

Pour être clair, je peux concevoir qu'il y ait en effet des temps un peu délicats, où Dieu met la pression sur nous pour nous former, et qui peuvent aussi survenir quand on a pas veillé suffisamment à L'entendre au moment voulu, alors qu'Il nous avertissait. Il y a de même des temps d'épreuve, sans guère de rapport avec notre dureté d'oreille, qui nous sont indispensables pour être former. Ces temps peuvent servir à comprendre sans juger, ceux qui les connaissent dans la durée.

Par ailleurs, d'une région du monde à l'autre, les épreuves des enfants de Dieu ne sont pas exactement les mêmes, ou dans la même intensité. Parallèlement, le secours de Dieu monte alors en puissance et en gloire, comme par exemple dans les pays islamiques où la foi en Jésus est vomie par leur société, et le facteur risque très élevé. Il y a ainsi des épreuves qui n'ont rien d'anormales, compte tenu de leur contexte, et d'autres qui n'ont rien de légitimes, parce qu'elles ne viennent pas de Dieu, mais de l'ennemi nous a fait avaler ses mensonges.

Bien aimés, n'ajoutons pas foi à tout esprit, mais éprouvons les esprits pour savoir s'ils sont de Dieu(1 Jean 4,1)… Et souvent, plutôt que d'être éprouvé par des esprits, éprouvons les à leur tour !

Cher lecteur, par tes paroles tu seras justifié, ou condamné ; cette parole est aussi de Jésus(Matt. 12,37). Ce n'est donc pas toujours la Volonté de Dieu qui détermine ce qui peut nous arriver ; si nous ne confessons pas Son Nom, nous entrons dans la zone de la volonté du diable, par choix ou ignorance.

Ainsi, que chacun de nous soit sage et non fou. Ainsi, chacun de nous verra que la Bible dit la vérité, quant à toutes les promesses divines qui s'y trouvent pour notre bonheur.

Que la Lumière de la Vérité se manifeste de plus en plus à tous les coeurs simples en ces temps de la fin pour qu'ils soient gardés du feu de cette heure, et que le Nom de Jésus soit confessé comme Celui du Sauveur de nos vies ; Lui le Fils de Dieu !

Soyez tous bénis en Lui, que nous aimons.

Evangile de Marc ch.16, v.15 à 18…

18 novembre 2010

Chers amis lecteurs,

j'aimerai sans prétention apporter quelques commentaires sur ces derniers versets de l'Evangile de Marc, qui sont des paroles même de Jésus dont nous pouvons lire le parallèle dans celui de Matthieu au ch. 28, v. 18 à 20.

V.15 : "ALLEZ DANS LE MONDE ENTIER ET PRECHEZ LA BONNE NOUVELLE A TOUTE LA CREATION".

Mes amis, cette bonne nouvelle de Jésus qui nous sauve ne doit s'incliner devant aucune entrave qui voudrait empêcher son rayonnement. Certes, ce que je dis là serait dangereux s'il s'agissait d'user de force et violence pour y parvenir. A ce propos, le Seigneur n'a jamais dit de faire la guerre aux adversaires de l'Evangile afin de les y soumettre. Il a au contraire dit que celui qui prendra l'épée périra par l'épée (Matt. 26,52) ; c'est d'ailleurs à Pierre qu'il déclare cela, en lui ajoutant : penses tu que je ne puisse pas invoquer mon Père qui me donnerait à l'instant plus de douze légions d'anges ?(v.53) Ainsi, plutôt que d'user de violence pour faire avancer l'Evangile par toute la terre, prions le Père comme Jésus pouvait le faire, afin qu'Il nous envoie tous les anges dont nous avons besoin au ponctuel, face à l'adversité et aux ennemis de tous genres… et nous romprons avec l'Histoire.

Ainsi chers internautes, le champ d'action du disciple de Jésus est le monde entier, et rien ne le convaincra de dispenser son prochain de recevoir le Message du Salut ; pas même le respect du culte des ancêtres et donc des traditions, ça et là sur la terre. Ces choses constituent d'ailleurs un spiritisme à peine déguisé, et donc une communion avec des démons locaux. Elles sont un terrible mensonge attirant quantité de malédictions là où elles sont pratiquées. Il faut donc que le message du Seigneur soit apporté à toutes nations, toutes tribus.. et "à toute la création" !

Cette dernière mention signifie que l'action du chrétien ne se limitera même pas aux humains qui ont tous une âme à sauver ; mais ira jusqu'à la terre qui elle aussi ayant été gravement blessée, a besoin de délivrance et de guérison ; ce qu'elle attend dans un ardent désir, sachant la promesse divine pour elle : Romains 8,19 à 22. La terre a donc besoin elle aussi d'être touchée maintenant, et non pas seulement plus tard, par la bénédiction des chrétiens qui ont compris leur responsabilité envers elle et l'assume. Il m'arrive ainsi par exemple dans bien des lieux d'y briser la malédiction du péché et de la mort, pour que ceux qui y vivent, n'y vivent plus en "suffocant". A cet effet, je demande pardon (comme le prophète Daniel) pour le péché qui a prévalu là ; j'invite les habitants concernés à me suivre dans cette démarche, en se repentant eux aussi, ainsi qu'à dénoncer le péché de leurs ancêtres et à se désolidariser de leur héritage, au nom de Jésus ; et à Le suivre désormais. Se repentir personnellement et faire la paix avec Dieu est suffisant pour gagner la vie éternelle ; mais pas forcément pour vivre immanquablement béni dans l'endroit et l'instant, durant notre temps sur terre. Nous pouvons être en communion avec Dieu dans notre coeur, mais continuer d'éprouver un net malaise dans l'endroit où nous vivons. Celui ci, notre malaise, n'est plus en nous, mais autour de nous ; il ne s'agit plus de notre coeur, mais de là où sont nos pieds.

L'Enfant de Dieu qui est pleinement dans ses prérogatives, brisera donc le pouvoir du diable, dans les coeurs, sur la terre, sur la mer, dans l'air ; dois je le préciser… sur toute la création… c'est à dire que les animaux sont aussi concernés, ainsi que toute la flore. Il libérera la Faveur de Dieu sur tous ces éléments ; SAUF sur la création d'origine céleste, qui n'est pas au régime du Salut, car elle a connu la gloire de Dieu et s'est pourtant rebellée contre Lui. Il n'y a de salut que pour la terre et ce qu'elle porte.

Voilà globalement et un peu en détail, la cible des Enfants de Dieu ; au travail !! Amen !!!

Et ce message dont nous sommes porteurs ? C'est La Bonne Nouvelle ! Il n'y en a pas d'autres ; c'est clair n'est-ce-pas ?

Cette Bonne Nouvelle, est que si la Loi de l'Ancienne Alliance a été portée à ma connaissance, ce fut afin que je réalise mon incapacité à la respecter et donc à être Ami de Dieu ; la Loi de la Nouvelle Alliance m'annonce qu'Un Autre l'a accompli à ma place, que je n'ai plus qu'à y croire ; qu'à accueillir cette merveilleuse bonne nouvelle, qu'en ce Jésus Mon Sauveur, Mon Ami, Mon Frère, je suis réellement devenu Bien Aimé du Père, Enfant de Lui, et frère cadet de Jésus.

L'Ancien Testament me dit que j'étais Ennemi de Dieu ; car Sale de mon échec à accomplir sa Loi pour me sauver, et sans accès à Lui dans sa Sainteté, donc perdu.
Le Nouveau Testament me dit qu'au contraire maintenant, je suis Ami de Dieu et dans Sa Présence, parce que j'ai cru que Jésus Le Christ a payé ma dette au prix de son sang versé. Alors je suis comme cette femme, qui ayant soudain compris cette Bonne Nouvelle pour elle, est venue se jeter aux pieds du Seigneur, pour y répandre le parfum de son immense reconnaissance. C'est en pleurant de joie que j'écris ces choses, car Ce Message est absolument merveilleux !

V.16 : "CELUI QUI CROIRA ET QUI SERA BAPTISE SERA SAUVE, CELUI QUI NE CROIRA PAS SERA CONDAMNE".

Mes amis, cette Bonne Nouvelle a une odeur de vie pour les uns, et de mort pour les autres. S'il n'y a qu'un seul salut, cela signifie qu'au delà de lui, il n'y en a plus, et qu'à ce stade là, le seul programme est celui de la condamnation. Si je suis en phase de me noyer et que je ne saisis pas la main qui m'est tendue, je vais vraiment me noyer. Ne saisissant pas cette main de salut, je signe ma condamnation et ma mort.
Quant à la mention du baptême dans ce verset, pour dire que "ne sont pas sauvés ceux qui ne sont pas baptisés"… alors que dire du brigand sur la croix ? Est-il sauvé ? Oui, Jésus le lui dit. A t-il eu le temps d'être baptisé ? Non.

Toutefois, faut-il absolument se faire baptiser ? Oui. Du moins si nous avons pu jouir honnêtement du temps pour le faire. Autrement, nous avons le droit de ne pas être stupide pour juger de la chose au cas par cas…

Quant à la notion et l'acte de CROIRE, il faut comprendre que c'est comme AIMER. Je ne peux pas croire en Jésus sans L'aimer au même degré.

Croire en Lui signifie L'aimer passionnément, et même avoir renoncé à soi pour Le laisser vivre en moi.

Galates 2,20 : …ce n'est plus moi qui vit, c'est Christ qui vit en moi…

Phil. 1,21 : Christ est ma vie et la mort m'est un gain.
Croire en Jésus, c'est avoir perdu volontairement sa vie pour la Lui donner. Mais suis je capable d'accomplir cela ? Non. Puis je alors demander au Saint-Esprit qui est le Seigneur de le faire en moi ? Oui. Le fera t-il ? Bien sûr !
Autrement dit, que personne ne se demande s'il réussira à croire. Tu veux croire ?? Alors Dieu produira cela en toi (Phil. 2,13).

V. 17 et 18 : VOICI LES SIGNES QUI ACCOMPAGNERONT CEUX QUI AURONT CRU : EN MON NOM, ILS CHASSERONT DES DEMONS ; ILS PARLERONT DE NOUVELLES LANGUES ; ILS SAISIRONT DES SERPENTS ; S'ILS BOIVENT QUELQUES BREUVAGES MORTELS, IL NE LEUR FERA POINT DE MAL ; ILS IMPOSERONT LES MAINS AUX MALADES ET CEUX CI SERONT GUERIS.

Voilà des déclarations de Jésus qui n'intéressent pas toutes les églises malheureusement ! Il faut l'admettre, que la théologie de beaucoup a gravement relativisé cette parole de Dieu ; ce qui ne peut engendrer qu'un lourd déficit de la Grâce pour beaucoup, et la responsabilité devant Dieu de certains enseignants est très grande !!…

En effet, entre ces promesses formelles du Seigneur et notre réalité quotidienne, l'écart est dramatiquement béant ; ce qui est insupportable et que je ne veux tolérer à mon niveau personnel. Car ces versets extraordinaires, je veux les prendre dans leur intégralité et les vivre ainsi, au quotidien dans ma vie et mon rayon d'action.

Pas question pour moi d'admettre que des démons puissent me résister. Si je les chasse au nom de Jésus, ils partent ; c'est tout. J'ajouterai néanmoins : que les voyant partir ou pas, je proclame qu'ils partent ! Et c'est moins par la vue que par la foi que je proclame qu'ils sortent. Enfin à ce titre, je voudrais dire que le fameux discernement spirituel qui consiste à "forcer sa pupille" sur le cas de délivrance qui nous occupe dans l'instant, est moins prioritaire que notre foi en Jésus pour les ordres que nous adressons aux démons. Puis je me permettre de vous dire que quand je chasse un ou des démons chez une personne parfaitement demandeuse, le plus souvent j'en ai pour deux ou cinq minutes à régler le problème, et non pas des heures voire des jours…

Le ou les démons qui sont là selon les cas ne sont pas si difficiles à identifier ; pour ce faire, il faut laisser parler l'intéressé, et l'écouter attentivement ; c'est d'ailleurs une façon de l'aimer et c'est par l'amour que l'on commence. La plupart du temps, ces propos vous permettront d'identifier les esprits. Mais également, un travers, un défaut de personnalité, de comportement, de caractère, correspond à un esprit qui est là et qui produit justement ce fruit mauvais. Par exemple pour un alcoolique, c'est le démon de l'alcool que vous allez devoir chasser, tout simplement. Il arrive bien sûr que les choses soient plus compliquées ; mais en général, si vous veillez impérativement à respecter trois points : 1) amener la personne à se repentir de son péché 2) lui demander elle même avec vous et après vous de commander à l'esprit mauvais de sortir 3) lui faire confesser qu'elle donne sa vie à Jésus, qu'elle Lui appartient, qu'elle Lui donne la place que ce démon occupait (l'impliquer donc plutôt que de s'acharner sur elle pendant des heures) ; si vous procédez ainsi les démons ne tiennent pas le coup bien longtemps. Alléluia !!

Faire ces choses est comme conduire une voiture : il faut apprendre un peu le code de la route durant une période, et prendre quelques leçons avec un moniteur ; puis bientôt, c'est comme mon dernier enfant, qui trois mois après avoir eu son permis de conduire, se débrouillait déjà plutôt bien…

Alors un peu de courage mes amis ; le Seigneur est avec vous tous les jours ; Il l'a promis !

Quant aux langues, pas question non plus d'admettre que ne pas parler en langues soit normal. La chose existe, mais n'est pas normale. Dieu a donné cette grâce à tous, mais tous ne l'accueillent pas. Les blocages sont théologiques ; on a reçu un enseignement réactif (basé sur le mauvais témoignage de certains qui ont ce don, et/ou qui étant autrefois dans l'occultisme, auraient une langue démoniaque, ainsi qu'une foule d'autres raisons encore).Les blocages sont spirituels ; ceux justement qui naviguaient dans le domaine de satan autrefois, peuvent avoir des craintes compréhensibles, mais qui doivent être vaincues à terme. Les blocages sont intellectuels ; nous voulons comprendre quel est ce phénomène. Les blocages sont aussi une question de foi : se "lancer à l'eau" n'est pas notre point fort. Les blocages sont environnementaux : la peur du ridicule "au cas où ça ne marche pas" est un obstacle. L'humilité et la foi feront sauter tous ces obstacles.

Parler en langues est une édification personnelle indispensable ; ce sont des paroles merveilleuses et même ineffables qu'on adresse à Dieu ; que les anges entendent et dont ils se nourrissent eux mêmes pour ensuite mieux nous servir ; les démons aussi les entendent quand vous le faites à haute voix, et ils s'enfuient. Ainsi, quand vous parlez en langues, vous purifiez votre intérieur et vous faites le ménage quant au dehors. Alors, parler en langues n'est pas indispensable ?? Soyons sérieux, je vous en prie.

J'ajouterai enfin qu'un message en langues, adressé à la communauté des croyants, et interprété sur le moment, est quelque chose de fantastique, qui n'a jamais cessé de m'impressionner, tant il y a là l'évidence de la tangible présence de Dieu. Permettez moi de vous dire qu'en de tels moments, j'en tremble comme une feuille devant le Seigneur. Car l'entendre parler ainsi est une expérience vraiment extraordinaire.

Quant à l'action de saisir des serpents, elle peut être comprise au sens propre, comme Paul le fit à Malte(Act. 28,3 à 6) ; et je veux farouchement croire que si nous sommes remplis de l'Esprit, il n'y a pas de place en nous pour le poison, et donc pas non plus pour quelque microbe et maladie que ce soit. Si des effets contraires se manifestent néanmoins ; refusez les, chassez les et croyez que ce que vous dites au nom de Jésus arrive(Marc 11,23 et 24). Soyez déterminés !!

Mais plus largement, l'action de saisir des serpents est aussi à prendre au sens figuré ; c'est à dire que vous n'avez pas à craindre l'ennemi sous aucune forme. Il ne s'agit pourtant pas de le provoquer parce que la Bible dit que nous sommes les plus forts(1 Jean 4,4) ; nous ne lui faisons pas spontanément la guerre(comme le font certains malheureusement pour eux et d'autres qui sont dans leur proximité), mais nous lui résistons sans lui faire de quartier, au nom du Seigneur Jésus, quand il nous cherche nous, ainsi que notre prochain qui nous appelle au secours.

A l'époque où le monde s'éveille à la consommation du bio, savoir qu'aucun breuvage mortel ne nous fera de mal nous montre à quel point la Bible est intemporelle. Marc 16,18 est aussi un verset bio ! Alléluia !!

Je dois faire attention à ne pas manger n'importe comment ni n'importe quoi. Mon corps est le temple de Dieu. Mais aux jours actuels, avec tout ce qui se passe sur la terre, je fais sagement le choix de confesser que par la foi en Jésus-Christ, je mange plus bio que par la norme bio certifiée qui existe dans nos circuits de consommation. Ce qui ne m'empêche pas de manger bio, selon la norme certifiée, de plus en plus. Mais cette valeur reste matérielle et ne peut être absolue dans sa pureté ; alors, je crois au Seigneur qui va plus loin et qui ne fait que du parfait. Encore alléluia !!

Quant à l'imposition des mains, dans certains milieux d'églises, un mauvais procès lui est fait en s'appuyant sur 1 Timothée 5,22, dans une interprétation totalement sortie du contexte du verset. Des théologiens et doctrinaires apeurés et contagieux, veulent prendre dans un sens général ce conseil de Paul à Timothée de n'imposer à personne les mains "avec précipitation". Ceux d'ailleurs qui suivent "si bien"cette vue des choses en sont venus à ne plus jamais imposer les mains à personne(c'était là la volonté de satan à leur égard)…au mépris de Hébreux 6,1 et 2 qui précise que cet exercice fait partie de l'enseignement élémentaire de la parole de Christ.

En réalité Paul demande à Timothée de ne pas faire confiance trop vite à quiconque, mais de se donner du temps pour éprouver chacun. L'acte d'imposer les mains en la circonstance, consistant à consacrer quelqu'un dans une tâche et/ou ministère dans l'Eglise, ne doit bien sûr pas être fait prématurément.

Mais ce propos n'est pas du tout à destination globale, comme certains s'emploient à le faire croire. Au contraire, soyez remplis de l'Esprit et mettez vos mains le plus possible sur ceux qui vous entourent, afin que la grâce de Dieu coule, comme un fleuve ! Quel est donc l'esprit de ceux qui s'opposent à cela ? Comment se nomme t-il ??… Et l'oeuvre de qui font-ils ?

Quant à la guérison, elle ne vient pas quand Dieu le veut ; Dieu le veut ! Car son fils l'a accompli à la croix. Se situer en dessous de cela est une négation de l'Oeuvre de La Croix. C'est grave ! Et à chaque fois que l'on donne du crédit à ces sombres inepties, nous donnons un droit à satan de semer un ciel plombé sur nos vies, notre pays, nos églises, nos maisons ; voilà pourquoi la gloire de Dieu est si souvent absente de nos vies et les guérisons tant attendues trop rares. Quand nous cesserons de croire certains théologiens et enseignements qui "brillent" par leur incrédulité mortifaire ; pour restaurer la foi en l'intégrale Oeuvre de Golgotha ; le ciel du pays s'ouvrira, la faveur de Dieu reviendra, ainsi que la joie, les rires de ceux dont les regards sont tournés vers Lui, Le Sauveur Parfait. En outre, le public sollicitera moins les guérisseurs en général, qui prospèrent là où les croyants et l'Eglise ont déserté le terrain. Leur prospérité est la conséquence directe de notre péché d'incrédulité. Il ne nous reste qu'à nous repentir et redécouvrir la Puissance de Dieu.

V.20 : et ils s'en allèrent prêcher partout. Le Seigneur confirmait la parole par les signes qui l'accompagnaient.

Mes amis c'est ainsi que se termine l'Evangile de Marc. En effet, il n'y a plus rien à ajouter. Faisons maintenant comme nos prédécesseurs : au travail, car le temps presse et la tâche est immense. Il nous précède, nous pouvons Le suivre. Quelle vie merveilleuse !

Je vous embrasse tous de Sa Bénédiction.

Il a fait descendre les puissants de leurs trônes, et élève les humbles…

21 février 2011

Chers lecteurs,

vous êtes comme moi, vous regardez ce qui se passe dans l'actualité, et vous voyez en particulier le bouleversement qui s'opère actuellement dans le monde arabe ; ceci notamment sous la pression de la rue et des peuples qui semble y régner désormais.

Ces peuples arabo-musulmans n'ont jamais eu droit à la parole, et leurs pays n'ont jamais produit autre chose que des dictatures. Maintenant, le temps du jugement est venu pour ces potentats aux mains pleines du sang et des larmes de leurs peuples. J'ajouterai qu'il s'agit là aussi d'un temps de répit pour Israël, seule démocratie de la région ; qui généralement n'hésite pas à destituer ses dirigeants quand ceux ci sont convaincus de corruption, et à les juger sans tarder (c'est beaucoup mieux que chez nous, qui savons cacher longtemps les abus de notre classe politique et dirigeante, et mettons également beaucoup de temps à les juger).

Temps de répit pour Israël que les peuples et gouvernements occidentaux ont fustigé par rapport aux Palestiniens, pendant que les dirigeants de ces derniers pratiquaient la corruption à grande échelle pour s'enrichir sur le dos de leur peuple ; et la dictature comme à Gaza, où le "choix offert" consiste à être musulman ou mort.

Maintenant les yeux s'ouvrent non plus sur les prisons israéliennes, mais sur les états-prisons des pays arabes, qui ont pratiqué le meurtre politique et religieux à grande échelle depuis des décennies, sans que personne ne bronche en Occident ; bien au contraire ; la France comme d'autres nations étant complice de ce crime.
Pardon Seigneur, d'avoir juger Israël quand il y avait tellement plus grave !

Mais à propos d'Israël, comme on le voit dans la Bible en 1 Samuel 8 : la voix du peuple se fit entendre pour demander un changement de régime, et Dieu le leur accorda. C'était déjà à cause de la corruption des dirigeants que le peuple en vint à cette demande.

L'Eternel n'y était pas favorable, mais leur donna tout de même un roi, pour faire "comme les autres nations" (1 Sam. 8,5). Ainsi Israël eut nombre de rois ; ceux ci en vinrent à diviser la nation (Israël au nord et Juda au sud) ; oublièrent l'Eternel ; affaiblirent le pays qui devint à terme une proie facile pour leurs ennemis, qui les envahirent, les vainquirent et les déportèrent loin de leur patrie, autrefois acquise par les exploits de Dieu. Au total, 27% de ces rois d'Israël et de Juda furent bons et 73% mauvais. Voilà, Bible en main, le bilan de l'expérience d'Israël il y a 3000 ans, qui a voulu suivre la voix du peuple… pour faire comme les autres nations.

Mais il y eut David parmi les bons rois !! Sans l'institution de la royauté en Israël, David aurait-il émergé dans l'histoire de ce peuple ?... Lecteurs de la Bible aujourd'hui, nous nous nourrissons de son exemple, de sa vie. Il est une préfigure du Seigneur ; son trône est inaliénable ; ses combats sont remplis d'enseignement pour nous aujourd'hui ; ses fautes, ses repentances et ses psaumes nous parlent de lui et de nous, et nous touchent jusqu'au plus profond de nous mêmes. Il a eu l'idée de construire un Temple à l'Eternel ; nous héritons de son Projet : le vrai chrétien et disciple du Seigneur est habité, que dis-je ?... obsédé par la même intention, dans sa dimension personnelle , et dans celle qui est collective : l'Eglise, qui est la future Epouse de Christ... descendant de David sur Son Trône.

Et que dire de Salomon, son Fils ?
C'est lui qui a construit le Temple pour l'Eternel. David avait fait toutes les guerres, et vaincu tous les ennemis d'Israël... afin que son fils puisse jouir de la paix, et d'un rayonnement mondial (de ce monde d'alors)... et la reine de Saba est venue voir et reconnaître La Sagesse de Salomon. D'où venait cette reine ?.... de la péninsule arabique... Curieux et presque amusant n'est ce pas ?

Aujourd'hui, nous sommes à nouveau très proche de la fin du règne de David, et très proche de l'avènement du règne de Salomon.

En effet, les ennemis d'Israël, qui procèdent à son encerclement en vue de l'anéantir, sont néanmoins proches d'être définitivement vaincus et soumis au Plan de Dieu. David va pouvoir paisiblement s'endormir ; Salomon arrive, pour son règne de paix... ainsi que la reconstruction du Temple de l'Eternel, par lequel la terre entière reconnaîtra que La Gouvernance Finale appartient à Dieu, et non au peuple de la rue, pas plus qu'à la main cachée de ses dirigeants. Amen !!

Ce David dont je vous parle est Le Christ, Le Oint de Dieu, qui s'est battu comme Le Lion de Juda pour que Son Peuple soit victorieux. Qu'Il soit loué !!
Ce Salomon dont je vous parle est encore Le Christ, Le Oint de Dieu, qui rayonne de paix et de douceur comme l'Agneau de Dieu, et tout le peuple qui a cru jouit de cette Grâce Royale. Qu'Il soit adoré !!!

Mais revenons à 2011 ; nous sommes encore sur la fin du règne de David ; ça bouge dans le royaume de Saba ; elle retentit la voix du peuple qui a toujours été étouffée. Dieu se sert d'elle pour juger les rois mauvais qui abusent de leurs pouvoirs. Dieu va aussi juger les dieux de ce peuple ; où plutôt le dieu de ce peuple... Vous comprenez ce que je veux dire ?... La fin de l'Islam est proche et son mensonge bientôt mis à nu...ainsi que ce peuple musulman qui va se trouver totalement désemparé, et qu'il faut se tenir prêt à vêtir de l'Amour du Seigneur Jésus, qui lui fera connaître Son Père, qu'il a perdu depuis qu'Ismaël a fui dans le désert, avec sa mère, Agar l'Egyptienne.

Le temps est proche où Ismaël, l'Orphelin qui crie parce que son coeur est abandonné et vide d'amour depuis presque 4000 ans, va trouver Son Père, qui est au ciel et qui l'attend depuis si longtemps. Saisit certainement par le Saint-Esprit, je sanglotte et je tressaille en écrivant ces choses.

Mais revenons chez nous, où dans ces temps actuels, la voix du peuple… est fatiguée… de lutter contre la main des dirigeants, qui construisent une pyramide en manipulant la pensée de ce peuple, afin qu'il ne résiste pas mais se soumette. Je parle de l'Europe et du Gouvernement Mondial. Je parle de Jézabel et de son règne. Jézabel manipulait qui elle voulait. Elle a eu une misérable fin ; mais avant cela elle a persécuté le prophète Elie, celui qui seul s'était opposé à elle.

La guerre spirituelle dans laquelle nous nous trouvons exactement maintenant, se passe entre Jézabel et Elie. C'est à dire le pouvoir manipulateur de satan qui se trouve dans l'ombre (bien que de moins en moins), contre celui de l'Esprit de la Prophétie. Les soldats de Jézabel sont ces puissants qui nous préparent un monde nouveau, à l'insu des masses populaires. Les soldats de l'Esprit prophétique de Dieu sont ceux qui discernent ces choses, les dénoncent et s'y opposent dans le combat de la prière et du témoignage de Jésus. Comme le jeune David, prenons La Pierre Angulaire qui est dans notre besace, et projetons là à la face de Goliath, qui s'écroulera.

Quand vous verrez ces choses relevez vos têtes, car votre délivrance est proche, a dit le Seigneur (Luc 21,28).

Enfants de Dieu, recherchez son Esprit. Eglise de la Fin, que ta Lampe (ta connaissance de l'Ecriture) soit remplie de Son Huile, afin que tu discernes Le Temps dans lequel tu te trouves (Luc 12, 56 et 57).

Réjouissons nous, car la délivrance d'Israël est très proche ; la guérison d'Ismaël aussi ; et cette terre, proche de trouver la Paix du règne du Salomon d'En Haut, que le peuple de Dieu appelle à Son Retour.

Mon âme exalte le Seigneur, et mon esprit a de l'allégresse en Dieu mon Sauveur ; il a déployé la force de son bras ; il a dispersé ceux qui avaient dans le coeur des pensées orgueilleuses ; il a fait descendre les puissants de leurs trônes ; Il a élevé les humbles, et rassasié de bien les affamés…

Affectueusement pour vous

Le Message et les Cantiques du ciel

23 juillet 2012

Chers lecteurs,

dans l'Esprit recherché de l'Eglise finitive, celle de Philadelphie, et en épilogue des écrits de ce livre, je veux résolument penser au ciel,

1) A cet effet, je cite Apocalypse 7, 9 à 12 :

« Après cela je regardai, et voici une grande foule que nul ne pouvait compter, de toute nation, de toutes tribus, de tous peuples et de toutes langues, Ils se tenaient devant le trône et devant l'Agneau, vêtus de robes blanches et des palmes à la main. Et ils criaient d'une voix forte :

Le salut est à notre Dieu qui est assis sur le trône et à l'Agneau

Et tous les anges se tenaient autour du trône, des anciens et des quatre êtres vivants ; ils tombèrent la face contre contre terre devant le trône et ilS adorèrent Dieu en disant :

Amen !

La louange, la gloire, la sagesse l'action de grâces, l'honneur, la puissance et la force sont à notre Dieu aux siècles des siècles ! Amen. »

Voici des paroles que nous devons prononcer à haute voix, car elles sont pour la Gloire de notre Dieu, et elles brisent le pouvoir du malin,

2) Je citerai ensuite Apocalypse 15, 2 à 4 :

« Et je vis comme une mer de cristal, mêlée de feu, et les vainqueurs de la bête, de son image et de son nom, debout sur la mer de cristal. Ils tiennent les harpes de Dieu.

Ils chantent le cantique de Moïse (exode 15)

et le cantique de l'Agneau. »

Le cantique de Moïse :

Je chanterai à l'Eternel car il montré sa souveraineté ;
Il a jeté dans la mer le cheval et son cavalier.

L'Eternel est ma force et l'objet de mes cantiques,
Il est mon Dieu et je veux lui rendre hommage.
Il est le Dieu de mon père et je l'exalterai
L'Eternel est un guerrier. L'Eternel est son nom.
Il a précipité dans la mer les chars de Pharaon et son armée ;
Ses équipages d'élite ont été submergés par la mer des Joncs.
Les flots les ont couverts :
Ils sont descendus dans les profondeurs comme une pierre.
Ta droite, ô Eternel ! Est magnifiée par ta vigueur ;
Ta droite ô Eternel ! A écrasé l'ennemi.
Par la grandeur de ta majesté
Tu renverses ceux qui se dressent contre toi ;
Tu déchaînes l'ardeur de ta colère ;
Elle les dévore comme du chaume.
Au souffle de tes narines, les eaux se sont amoncelées,
Les courants se sont dressés comme une masse,
Les flots se sont durcis au cœur de la mer.
L'ennemi disait : je poursuivrai, j'atteindrai,
Je partagerai le butin, je m'en repaîtrai,
Je tirerai l'épée, ma main s'en emparera.
Tu as soufflé de ton haleine :
La mer les a couverts ;
Ils se sont enfoncés comme dans du plomb, dans des eaux puissantes
Qui est comme toi parmi les dieux, ô Eternel ?
Qui est comme toi magnifique de sainteté,
Redoutable et digne de louanges,
Opérant des miracles ?
Tu as étendu ta droite :
La terre les a engloutis.
Par ta bienveillance tu as conduit ce peuple que tu as racheté ;
Par ta puissance tu le diriges vers ta demeure sainte.
Les peuples l'ont appris, et ils tremblent :
Les douleurs saisissent les habitants de la Philistie ;
Les commandants d'Edom s'épouvantent ;
Un frémissement saisit les guerriers de Moab ;
Tous les habitants de Canaan défaillent.
La terreur et la peur tomberont sur eux ;
Par la grandeur de ton bras
Ils deviendront muets comme une pierre,
Jusqu'à ce que ton peuple ô Eternel ait passé,
Jusqu'à ce qu'il ait passé, le peuple que tu as acquis.
Tu les amèneras et tu les implanteras sur la montagne de ton héritage,
Au lieu que tu as préparé pour ta résidence ô Eternel !

Au sanctuaire, Seigneur que tes mains ont établi.
L'Eternel régnera éternellement et à toujours.
Car les chevaux du Pharaon, avec ses chars et ses cavaliers sont entrés dans la mer.
Et l'Eternel a ramené sur les eaux de la mer ;
Mais les Israélites ont marché à pied sec au milieu de la mer.

Voici les paroles du cantique que nous devons chanter à haute voix, elles sont une gloire pour Dieu, ainsi qu'une gloire pour son peuple d'Israël, qu'il rachète et rétablit à sa place, à Jérusalem ; et nul ne pourra s'y opposer.
Tous les chrétiens de la terre doivent connaître et chanter ce cantique que tous les habitants du ciel connaissent et chantent. Ainsi ils hâtent l'avènement de ces choses.
Rejoignons Myriam, la prophétesse, et chantons avec elle ce cantique prophétique.
Le cantique de l'Agneau :

Tes œuvres sont grandes et admirables, Seigneur Dieu Tout Puissant !
Tes voies sont justes et véritables, Roi des nations !
Seigneur qui ne te craindrait et ne glorifierait ton nom ?
Car seul tu es saint.
Et toutes les nations viendront et se prosterneront devant toi,
Parce que ta justice a été manifestée.

Voici le cantique que nous devons aussi chanter, car il est une gloire pour Jésus Christ notre Messie,
et le Salut glorieux de nous tous hommes et femmes des nations, qui avons aimer son avènement.

Ainsi, nous savons ce que le ciel prêche et chante ; imitons le,

Que la Grâce et la Paix de Jésus Christ soient donnés à tous les hommes et toutes les femmes de bonne volonté ; le Juif, puis le Grec.

Amen.

Oui, je veux morebooks!

i want morebooks!

Buy your books fast and straightforward online - at one of world's fastest growing online book stores! Environmentally sound due to Print-on-Demand technologies.

Buy your books online at
www.get-morebooks.com

Achetez vos livres en ligne, vite et bien, sur l'une des librairies en ligne les plus performantes au monde!
En protégeant nos ressources et notre environnement grâce à l'impression à la demande.

La librairie en ligne pour acheter plus vite
www.morebooks.fr

VDM Verlagsservicegesellschaft mbH
Heinrich-Böcking-Str. 6-8   Telefon: +49 681 3720 174   info@vdm-vsg.de
D - 66121 Saarbrücken   Telefax: +49 681 3720 1749   www.vdm-vsg.de

www.ingramcontent.com/pod-product-compliance
Lightning Source LLC
Chambersburg PA
CBHW031156160426
43193CB00008B/398